JN251575

原点は「丸子警報器主婦パート事件」にあった！

女性活躍「不可能」社会ニッポン

渋谷龍一
Ryuichi Shibuya

旬報社

はじめに

「非正規労働問題」を深く考えられる「上級者」を増やせ

二〇一五年八月に女性管理職や幹部の登用を促す「女性活躍推進法」が成立し、二〇一六年四月から施行されたところである。それ以前にも女性管理職登用の数値目標を達成すれば助成金が支給されるようになっていたが、たとえば二〇一四年度の申請件数はゼロで用意していた一億二〇〇〇万円の予算は一円も使われなかった。女性は管理職になれないし、なりたくもないのだ。

それでも政府はめげずに女性活躍政策に躍起になり、女性たちの失笑を買い続けている。多様な女性に目を配るポーズをとっているのに、主要な目的は正社員女性を結婚後も退職しないようにしたり、相変わらず女性管理職を増やすことであると見抜かれているからである。まったく的外れだ。女性の活躍を叫ぶのなら、本来は、もう社会問題といってよいほど進展してしまった非正規労働問題の解決を優先すべきである。しかも、非正規問題と女性の組み合わせを固定化してきた他ならぬ政府が、それを脇に置いて現実離れした稀少な女性へと目を逸らし続ける姿が、多数の女性たちの憤りを買っている。

なぜこんな非現実的な構想が平然と通用してしまうのか。生意気なことをいわせてもらえば、筆者は、国民が「非正規労働問題」をきちんと「理解していない」ことを政府がしっかり「理解している」からだと考えている。要するに国民は耳触りのよい「女性の活躍」という言葉を浴びながら、なめられているのだ。

しかしながら、日本の「非正規労働問題」を理解するのはたしかに難しい。筆者の知る限り、学者、労働組合役員、人事管理担当者、社会保険労務士などの専門家でさえ、表面上の理解しかできない人たちがいる。その意味で「非正規労働問題」を正しく見る目をもつ「上級者」を増やすことが必要であると痛感している。

ただし、誤解してほしくないのは、「非正規労働問題」やもっと広く「非正規社会」を理解するのに、専門家である必要はないということだ。むしろ、専門知識が足かせにならない分、一般読者のほうが有利なのかも知れない。専門知識は吸収する者によっては不安定要素となり、先入観や誤解の原因にすらなることがある。だから、専門知識よりもセンスの問題なのだ。

そのセンスとは、もう少し具体的にいうと三つの要素である。第一に、非正規問題を考えるのなら、特定の就業形態や目を引くトピックスだけを見てはならない。もっと広く構造でとらえる態度が必要である。たとえば、労働面だけでなく生活面も含めて考えられるかどうかだ。

第二に、これだけデータや事実が氾濫している時代に生きていることを自覚して、それにおぼれることなく実像を知りたいという意欲があればなおよい。つまり、洪水のように押し寄せてくるマスコミ報道に対して、都合のよいまことしやかなデータに簡単にだまされないように常に疑いの目を持つことだ。

第三は、旧習を破る勇気である。働き方や就業形態は決まった形があるのではなく、人為的に作り出されたものである。だから、もっとよい働き方を新しく生み出せるはずだ、絶対になんらかの方法で好転できるはずだ、という信念を持てるかどうかが大切である。この信念がないと現状把握と悲観だけで終わり、それ以上考えられなくなる。

一般読者に多少なりともこれらのセンスを磨きたいという気持ちがあれば本書を読むことによって専門家と対等の立場で話をすることができると思う。

「丸子警報器事件」へ至るみち

日本の労働法のテキストに必ず登場する有名な丸子警報器事件。クラクションやリレーなど自動車部品を製造する丸子警報器に勤める主婦パートたちが賃金差別に対して裁判を起こした。

この丸子警報器事件を読みこなせるようになれば、十分に日本の非正規問題を理解する上級者といえる。それほどに問題の本質を雄弁に物語る事件なのだ。だから、労働法の教科書どおりの判例や法解釈ではなく、法的知識がなくても読めるように書いた。それでも、事件そのものを知るのと、読み込むのは別の話である。読み込むためには、順序を考えた準備が必要である。ぜひ読者に上級者になってほしくて、いわば丸子警報器事件へのトレッキングコースを作ったのが本書なのだ。

山頂に上るためのルートは次のようになる。まず第一章「主婦パートを知らずして「非正規労働問題」は語れない」では「非正規労働問題」を理解するために、その最大多数派の主婦パートに照準を絞る。しかし、ここで早くも抵抗感が出てきそうだ。非正規とは派遣労働者やフリーターなどと思われがちだからだ。ところが本当は主婦パートこそが非正規問題の原型なのである。上級者になりたいのなら、第一歩として主婦パートに目を凝らす決心をしてもらわなければならない。

第二章「主婦パートのメカニズム～非正規労働の原型～」ではその主婦パートをメカニズムとして分解してみようと思う。問題の断片ではなく、その構造がわかれば主婦パートがいかに日本の社会にとって深刻な問題をはらむ存在であるかを認識できるからだ。

主婦パートこそが非正規問題の原型であることに確信が持ってもらえたのならば、第三章「主婦パートの発見～虚像と実像～」で主婦パートの構造がなぜ虚像に包まれてしまうのか、あたかも構造など存在しないかのように非正規問題の後方へ隠されてしまうのかを明らかにしたい。その原因がわかればこそ、主婦パートの実像が何であるかを知ることができる。あわせて、本当の主婦パートをどのように発見すればよいのかを示す。

ただし、主婦パートの実像に迫る手立ては示せても、実際に迫れるかどうかになると至難の業だ。そこで、虚像に惑わされずに主婦パートを発見するために筆者が編み出したユニークな手法を提案し、それに沿って筆者が取材を敢行した結果をすべて開示しよう。具体的には、第四章「たたかう主婦パートのリアル～坂喜代子《ばんきよこ》さんの場合～」で主婦パートの坂喜代子さんのケースを取り上げる。主婦パートの構造がわかり実像を見たい意欲のある読者にはもう主婦パートに対する偏見は消えているはずだ。だから、坂さんの経験におおいに「感情移入」してもらいたい。感情移入できるかどうかは決定的に重要である。政策や法律に考えをめぐらせる前に、何が起きているのかを知り、他人の話だとかたづけるのではなく自分のこととして考えることが求められるからだ。この態度がないとますます非正規問題の本質から遠ざかってしまう。

このように日本の非正規問題を考える準備が整ったところで、第五章「たたかう主婦パートのリアル～丸子警報器原告団の場合～」で存分に丸子警報器事件を読み解いてもらいたい。坂さんの体験と同様に再び感情移入しながら、丸子裁判で露わにされた数多くの点にもとづいて、主婦パートという「窓」を通して日本社会の問題点を実感してほしい。

渋谷龍一

目次

第一章　主婦パートを知らずして「非正規労働問題」は語れない

非正規社会の現在地は「ダブル四割時代」

日本の労働者の人数に関してもっとも包括的な調査である総務省『平成二四年就業構造基本調査』によると、二〇一二年の時点で非正規雇用者は約二〇四三万人にのぼり、非正規の割合は三八・二％まで上昇していた。非正規を男女別、就業形態別に分解してみると、もっとも多いのが既婚女性のパートタイマー、アルバイト、嘱託社員、契約社員の主婦パートである。具体的には約八〇四万人もいて非正規のうちの実に三九・五％を占め、しかも増加中だ。

労働者の三人に一人が非正規であると危惧されてきたものだが、もう日本社会は、非正規そのものが四割、その非正規の四割が主婦パートという「ダブル四割時代」に突入している。たとえば厚労省『就業形態の多様化に関する総合実態調査』によると、二〇一四年の非正規割合はついに四〇％に達したと報告された。もう半数以上が非正規で、その半数以上が主婦パートという時代は現実に迫っているのだ。

非正規社会の到来が危惧されるなか、日本社会を構想しようとすると議論が分散し、焦点を合わせるべき対象から逸れていく。非正規を問題にして日本社会を考えるのであれば、最大多数派である主婦パートの全貌を明らかにすることこそ最優先されるべきである。ところが、主婦パートは、「主婦」の「パートタイマー」であるがゆえに学者のみならず多くのジャーナリストからも一人前の労働者ではないと即断され、真摯に取り上げられることはほとんどない。

本書は、非正規社会にあって主婦パートを決して無視せずにその実体を解明し、虚像が交り込んだイメージに惑わされず、実像の背後まで描くことによって日本社会を考える点で、異色の書であると思う。

主婦パートは「主婦のパート」とか「既婚女性のパート」だと考えられ、働き方の類型の一つと把握されることが多い。これが誤解の原因である。非正規の最大多数派であるにもかかわらず、一見すると緊急度の高い派遣やフリーターなどより軽く見られがちだ。ところが、働き方の類型などといった表面だけでなく、大がかりな制度としてみれば、もっとも深刻で社会への衝撃が大きいのは主婦パートであることが理解されよう。制度といっても雇用面だけでなく家庭面も含めた、日本女性に特有の制度である。

雇用問題に限らず社会全体にまで視線を上げるためには、主婦パートこそ注目すべき存在なのだ。

図表１　サラリーマン世帯における妻の就労状況別世帯構成　（万世帯、％）

	2000年		2005年		2010年		2015年	
	世帯数	割合	世帯数	割合	世帯数	割合	世帯数	割合
サラリーマン世帯計（夫がフルタイマー）	1771	100	1662	100	1611	100	1563	100
キャリアウーマン世帯（妻がフルタイマー）	456	25.7	423	25.5	409	25.4	411	26.3
主婦パート世帯（妻がパートタイマー）	389	22.0	418	25.2	441	27.4	502	32.1
専業主婦世帯	825	46.6	739	44.5	678	42.1	539	34.4

（資料）総務省『労働力調査（基本集計、年平均）』。
（注）サラリーマン世帯は、夫が１週35時間以上の雇用者、主婦パート世帯は妻が１週35時間未満の雇用者、キャリアウーマン世帯は妻が１週35時間以上の雇用者の世帯。妻が自営、内職の世帯は表記しいていない。

標準になりつつある「主婦パート世帯」

主婦パートの雇用がこれほど大規模になっているのならば、日本の世帯も変貌しているのは当然だ。日本の世帯といえば、夫がフルタイムで働いているいわゆるサラリーマン世帯がもっとも多い。そのうち、妻が専業主婦という世帯が依然としてもっとも多いものの、急激に減っている。

総務省『労働力調査年報』によると、**図表1**のように、二〇〇〇年の時点でサラリーマン世帯のうち、「専業主婦世帯」は四六・六％であったが、二〇〇五年に四四・五％、二〇一〇年に四二・一％、最新データとなる二〇一五年で三四・四％にまで下落した。これに対して、妻が主婦パートである「主婦パート世帯」の割合は、二〇〇〇年の二二・〇％から二〇〇五年の二五・二％、二〇一〇年の二七・四％、二〇一五年の三二・一％と着実に増え続けている。

その一方で、実は妻がほぼフルタイムで働く「キャリアウーマン世帯」も二〇〇〇年の二五・七％からわずかながら減ってきたが、二〇一五年にようやく二六・三％と持ち直した。政府は「雇用機会均等法」を改正したり育児休業制度を導入したりと、正社員女性が辞めないように誘導してきたし、最近では積極的な女性の活躍政策が目立つ。だがこれらは「キャリアウーマン」世帯の数と割合を横ばいにするのが精一杯だったのだ。

「主婦パート世帯」は二〇一〇年までに「キャリアウーマン世帯」を抜き去り、「専業主婦世帯」に肉薄している。「主婦パート世帯」こそが「専業主婦世帯」に代わって、標準の世帯になりはじめている。

主婦パート世帯の苦しい家計

一方、標準世帯になりつつある「主婦パート世帯」では、貧しさが加速中だ。まず日本の世帯主収入が減少してきたが、この傾向が止まらない。このため、主婦パートの収入への依存が高まっている。総務省『家計調査報告』で、二人以上の世帯の世帯主収入の実質増減率を一〇年ほど振り返れば、マイナスかせいぜい一％前後の増加を繰り返している。これに対して、世帯主の配偶者（ほぼ主婦パートとみなせる）の収入の増加率は、ほとんどの年で世帯主を上回っている。

その陰で、主婦パート世帯の家計の苦しさが目立つ。子育て世帯の大規模な全国調査である労働政策研究・研修機構『子どものいる世帯の生活状況および保護者の就業に関する調査』によると、二〇一一年の世帯の平均年収は、「キャリアウーマン世帯」が約七九八万円、「専業主婦世帯」が約六一八万円であるのに対して、「主婦パート世帯」は約五五二万円ともっとも低い。また、これまで主婦パートは「家計の補助」という理由で働くことが多いとされてきたが、「家計の補助」が減り「生活の維持」という理由が増えている。

アイデム仕事研究所『平成二四年度版パートタイマー白書』によると、子どもがいる主婦パートのうち、自分の年収がなければ「日々の最低限の生活すら難しくなる」と回答したのは一八・四%、子どもがいない主婦パートでは一〇・七%であり、「日々の最低限の生活はなんとかなる」がそれぞれ一九・四%、一六・五%である。

さらに、これらの事実と整合的で主婦パート世帯の苦境を示す興味深いデータがある。それは二〇一〇年度、二〇一一年度に運用された「子ども手当」の使い方だ。

図表2（次頁）で、キャリアウーマン、主婦パート、専業主婦の三つのタイプの世帯ごとに、「子ども手当」の使途をみると、もっとも多いのは、どの世帯タイプでも、「子ども教育費等」となる。とりわけ主婦パート世帯では四三・四%、平均支出金額は一万三五一一円ともっとも高く、教育投資が不足しがちな現実がみえてくる。他方で、主婦パート世帯は、「子どもの将来のための貯蓄・保険料」の割合はやや低いが、平均金額は明らかに低い。子どもの教育費や生活費などへ使う一方で貯蓄などにまで多く回せないのだ。

もっと明瞭なのは、「主婦パート世帯」が直接に子どもに使わない傾向である。「家庭の日常生活費」の割合が二四・八%、平均金額は七八四七円と、それぞれ「キャリアウーマン世帯」と

図表２　子ども手当の使途でわかる「主婦パート世帯」の苦しい家計

	キャリアウーマン世帯		主婦パート世帯		専業主婦世帯	
	%	円	%	円	%	円
子どもの教育費等	31.9	9504	43.4	13511	36.0	11656
子どもの生活費	25.7	5070	29.3	4920	25.9	4923
子どもの将来のための貯蓄・保険料	22.1	8150	15.7	5403	21.0	7596
家庭の日常生活費	16.2	4814	24.8	7847	19.3	5956
子どもに限定しない貯蓄・保険料	2.8	658	3.4	856	2.7	739
大人のお小遣いや遊興費	1.4	232	1.6	299	1.3	215
家庭生活補助費計	20.4	5704	29.8	9002	23.3	6910

（資料）厚生労働省『平成23年度　子ども手当の使途等に関する調査報告書』2011年。
（注１）2011年６月支給分の子ども手当に対する同年７月～９月の３か月間の支出。
（注２）使途割合は子ども手当を使って支出した者の複数回答割合であり、家庭生活補助費計の欄はパーセント・ポイント。使途金額は未支出を０とした平均値。

「専業主婦世帯」を大きく上回っている。それ以外に「子どもに限定しない貯蓄・保険料」「大人のお小遣いや遊興費」を加えて「家庭生活補助費」とまとめるとさらに他のタイプの世帯との差が開く。子ども手当に手をつけるのがもっとも多いのは主婦パートである事実は、「主婦パート世帯」の家計の苦しさを物語っている。

たしかに主婦パートの年収だけでは生活できないので、その収入は副収入と呼ばれることが多い。そう断言できるかどうかを判断するのに、こうしたデータは現実味をもっている。

主婦パートが労働者とみなされない理由

主婦パートが懸命に働いている現実をそろそろ認めたほうがよい。ところが、主婦パートはお気楽な労働者といわれることが多い。それどころか、よほど主婦パートが活躍している職場で同じ体験をしない限り、根底では主婦パートを労働者だと思っていないことがほとんどである。なぜだろうか。

主婦パートが「主婦」と「パートタイマー」の組み合わせであっても、「主婦」のほうに目がいくため、専業主婦と同等だと思い込んでしまうからである。専業主婦は、失業率の算出の際にカウントされない。なぜならば、労働者ではないからだ。当然、夫に養われる立場であって自らが税金や年金や医療などの保険料を納めているわけではない。

したがって、主婦パートとは主に「主婦」であり、片手間の「パートタイマー」と思われて、おおまかにいえば「主婦」だとみなされる。

ここで筆者の経験談を述べよう。ある地方自治体主催のセミナーに呼ばれて「主婦パートの低賃金」に関する講演をした帰りのことである。最寄り駅に向かう途中で六〇代後半と思われる男性に興奮気味に声をかけられた。

「あなたにどうしてもいいたい。やっぱり主婦パートは他の非正規とは別物だ。全然違いますよ。」

その理由は、「主婦パートには家族がいて、税金や社会保険料がかからない範囲で軽度に働く人たちであり、区別して議論しなくてはいけない。普通の労働者とは違って、自立していない労働者だから……」と。何が普通なのかよくわからないが、この高齢の男性はさらに続けた。

「もっと緊急に対策が必要なのは、ちゃんと働いている派遣さんの問題とか、若年の正社員が苦しむ『ブラック企業』とか、学生さんをいじめる『ブラックバイト』の問題じゃないですか。」「えっ、派遣労働者や学生は自立しているんですか。」と言いたいところだが、主婦パートをまともに理解しようとしない典型的な態度にあきれた。

一度でも主婦パートの職場に入って労働実態に踏み込めば、明らかに労働者であることが理解される。しかし、家の中で新聞やテレビを見て勝手なイメージを抱いていては、主婦パートは労働者とみなせない。だから無視したり軽視したりして、本当は非正規問題の震源地であることに気がつかない。主婦パートのことを知らないのに、非正規問題を語る滑稽な人になってしまう。

主婦パートに対するこうした誤解は、それだけで済まない。実は根が深い甚大な問題である。こうした主婦パートに向けられるイメージは無意識に誘導されており、日本社会の非正規問題を放置している重大な原因の一端を示している。この点は本書を通読すれば容易に理解できるはずだ。ただ、ある人たちにとっては、それを理解できないか、理解したくないのかもしれないが……。

第二章　主婦パートのメカニズム～非正規労働の原型～

主婦パートを形成する三つのセット

主婦パートの実像に迫るためには複眼で解析する必要がある。主婦パートを「既婚女性のパートタイマー」と平板に捉えるのは誤りである。主婦パートを形成している要素を備えた、あたかも「建築物」のように巧妙に作り込まれた仕組みであると理解すべきだ。

図表3（次頁）は、あらかじめ、主婦パートを形成する主要な要素をまとめたものであり、三つのセットに整理できる。第一のセットは（A）企業が進める職場のパートタイマーの基幹労働力化（基幹化）と、（B）正社員とパートの賃金格差の組み合わせである。

本田一成『主婦パート　最大の非正規雇用』（集英社新書、二〇一〇年）によると、基幹化は単なる戦力化とはまったく違うという。パートタイマーの知識、能力、意欲などが向上するのみならず、正社員という比較対象に対してその距離が縮まることである。つまり、正社員と同等か

図表３　主婦パートを形成する「３つのセット」

セット1	A：パートの基幹化（基幹労働力化）	＋	B：正社員との賃金格差
セット2	C：男性正社員向け主収入用賃金	＋	D：主婦パート向け副収入用賃金
セット3	E：男女の役割分業意識	＋	F：税制度、社会保険制度（第3号被保険者制度）

それ以上の働きぶりをみせることであり、そうであれば、基幹化が進むほどに賃金格差が縮小するはずである。ところが、賃金格差が残されたままならば、その部分は、企業にとって大きな「うまみ」となる。このうまみを手放さず、できる限り大きくすることが、ほとんどの調査で企業がパートを雇用する理由の一番に回答する「人件費の削減になるから。」の本当の中身である。

その結果、正社員と同じ仕事ぶりでも、正社員と同じ賃金を得られる主婦パートはほとんどいない。しかも企業もそれを隠さない。一例として最近のデータを紹介しよう。愛知県経営者協会『多様な人材の活用に関する実態調査報告書』（二〇一四年）によると、正社員と同等の業務を行なうパートタイマーに支払う基本給が「正社員と同等以上」である企業は五％、「八〇％～九九％」が二一％、「六〇％～七九％」が三五％、「四〇％～五九％」が三二％、「四〇％未満」が七％である。このように、正社員と同じ賃金を支払う企業はごくわずかである（**図表４**）。

図表４　正社員と同等に働くパートタイマーの待遇

（%）

	正社員の100%	99～80%	79～60%	59～40%	40%～	なし
基本給の水準	5	21	35	32	7	−
賞与の水準	0	0	3	7	37	52

（資料）愛知県経営者協会『多様な人材の活用に関する実態調査報告書』2014年。

第二は、（C）男性正社員向けの賃金と、（D）主婦パート向けの賃金といった、企業が使い分ける二種類の賃金のセットである。前者は、言い換えれば、世帯主向けの賃金であり、実額を別にしてリアリティのあるイメージだけをいえば、世帯主に夫婦二人分の賃金を支払うことである。後者はちょうどその裏側にくるもので、一家の大黒柱を持ち、家事や育児を担う女性のための家計補助のための低い追加賃金である。この組み合わせは、夫婦でもない企業内の男女労働者にも、主収入と副収入の関係にもとづいて、賃金が決まる労働市場に深刻度の高低を持ちこむ。もっとわかりやすくいえば、一家の大黒柱には高い賃金や手当を支払わないと家族が困るだろうが、養われている家族は困らないとの見方である。

第二のセットは、企業内だと同僚の関係になるからなかなか納得できないが、家庭内だと夫婦関係となり、納得しやすい。納得すれば、主婦パートは積極的に就業調整をして、厚生年金の適用拡大に反対する。もちろん、これらは深刻度の高い主婦パートや主婦以外のパートとは相いれない。というか、低賃金へと道連れにされる迷惑行為である。

もちろん、第一と第二のセットはそれぞれ相反する要素である。（A）と（B）は、基幹化を要求しながら、それに見合う賃金を支払わず低額に抑えつける理不尽な差別である。（C）と（D）は、家計の補助だから低い賃金でよしとする、いわゆる「同一価値労働同一賃金の原則」を放棄した、男女間賃金格差の温床である。

ところが、第三の（E）男女の役割分業意識と（F）第三号被保険者制度のセットは、第一、第二のセットとしっかり整合する。この粘着力の強さが、第一と第二のセットの土台に収まる形で、労働者の立場の相反や矛盾を和らげる。

しかし、これらには綻びがみられる。まず、（A）は待遇をともなわない基幹化が悪影響をまき散らす「基幹化リスク」にさらされている。また、（C）はもう通用しない。世帯主の賃金は減少傾向を続けているし、成果主義によって不安定である。あるいは現在は安定的にみえても、将来の不確実性は消えない。さらに、（E）もあやしい。徐々にだが、男女の役割分業意識は消失しつつある。要するに、三つのセットの左側が綻んでいる。

三つのセットの右側はどうか。（B）正社員と格差をつけた低い賃金、（D）副収入用の賃金は、ともに社会保険料の企業負担が発生しないため低位固定賃金以上の人件費削減効果があるが、左側から揺すぶられている。人件費が大幅に削減できなければ、主婦パートを雇用する「うまみ」がこれまでどおりには手に入らない。

したがって、主婦パートに対して基幹化と低賃金の両方を強要したい企業は、第一と第二のセットの綻びを繕ってそれらを支える土台、つまり第三のセットを堅持しようとする。まず、右側の（F）、つまり税制や第三号被保険者制度のある社会保険制度を絶対に守り抜く。企業や業界団体は社会保険料の負担増を避けるべく、とりわけ厚生年金の適用拡大に猛反発するはずだし、事実そのとおりだ。また、左側の（E）男女の役割分業意識の巻き返しを図る。「女性が家を守る。」を日本古来の美徳だとおおいに喧伝するはずで、こちらも実際に日本社会が経験していることである。

主婦パートを構造ととらえてみれば、なぜ「女性の主たる居場所は家庭である。」と規定する、まるで時代に逆行する弥縫策に躍起になるのかがわかるだろう。実像は常に真意をあぶりだすのだ。

なお、こうした原型構造は主婦パートに限らず他の非正規にも存在する。たとえば、派遣労働者なら別の三つのセットがあるが、ここでは踏みこまない。

元正社員が主婦パートの供給源

次に主婦パートの「主婦」の部分に注目しよう。まず、主婦パートの供給源から、どうして主婦でパートタイマーなのかが特定される。

当然のようにパートタイマーの待遇は低く抑えられてきた。その理由を問えば、職業訓練を欠いた不熟練労働者たちであり、労働供給力が大きいから、と回答される場合が多い。わかりやすくいえば、仕事経験のない、あるいは、乏しい人間の「片手間の仕事」であり、その典型的が主婦パートや学生アルバイトというわけだ。だから、副収入用の賃金でよいと考えられてきた。

しかし、供給が大きいことは間違いないが、それ以外は虚像である。主婦パートはもはや不熟練労働者とはいえず、供給源も変化した。アイデム仕事研究所『パートタイマー白書』によると、すでに二〇一〇年時点で主婦パートのうち、正社員経験がある者は九一・六％と九割に達している。いまやほとんどの主婦パートは正社員の経験者である。

主婦パートが不熟練労働者だという想定の根底には、家庭内から企業へ出てきたかつてのイメージが粘着している。だが、それは過去の話であって、正社員として職業人生をスタートさせた主婦パートが急速に増えている。そろそろ、職場で正社員として男性と肩を並べて活躍し、活躍経験をもとに正社員なみに働いている主婦パートの実像を当然視すべきである。

なぜそうなるかというと、女性はいったん退職した後に再び正社員で復職することが困難だからだ。厚労省『二一世紀出生児縦断調査の結果』によると、二〇〇一年に出産した母親のその後の就業率の推移がわかる。**図表5**は、正社員と主婦パートの就業率を示したものである。

この母親たちのうち、出産から一年前に働いていたのは五四・五％で、その約六割は正社員だった。だが、出産一年半後をみると、正社員で働く母親は一五・二％に減る。それからさらに九年後、つまり最新の追跡結果がわかる出産後一〇年半を経過した時点でも正社員は一九・九％と

図表5　女性の出産後就業率の変化

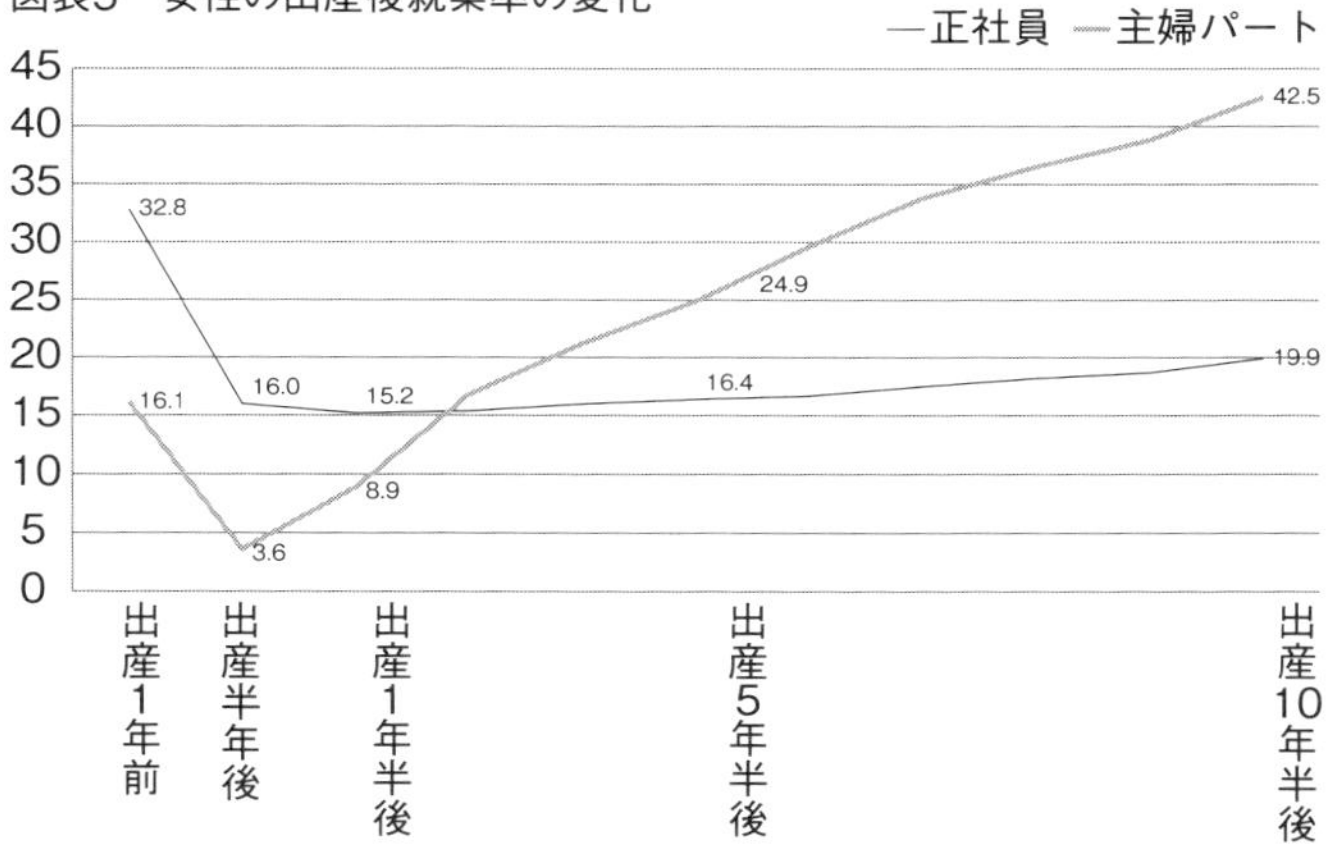

やはり二割を超えない。つまり、正社員で再就職する母親は例外なのである。

一方、主婦パートに着目して追跡すると、出産後一年半で主婦パートになるのは八・九％で、この時点でまだ正社員復帰よりも少ない。だが、早くも出産後三年半で正社員を上回り、出産後一〇年半後では、四二・五％ともっとも多い。この間に専業主婦が減ってきて、はっきりと主婦パートで働き始めることがわかる。何年たっても、正社員の割合はほとんど変わらず、出産後の復帰といっても、働く意志のある母親たちは正社員ではなく主婦パートになっていく。企業がパート基幹化を成功裡に進行させられたのも、こうした正社員経験者の主婦パートが増加していることが大きい。

「一人二役」の構造

なぜ正社員女性は退職するのであろうか。正社員のままでは「家庭の事情」を差し挟む余地がないくらいの負担が求められ、行き詰ってしまうからである。つまり、家庭の事情を持ち出したとたん、正社員はそれ以前と比べて大幅に条件が厳しい働き方になってしまう。典型的なのは、出産後は、負担が大きくてとても正社員として働き続けられない。正社員を辞めて、働くなら非正社員しかない。

こうして、退職した正社員が家事・育児を担い、後にそのなかから「正社員の壁」を実感した経験のある主婦パートが別の企業に出現する。退職した元正社員が主婦パートの候補者になるのだから、以上のプロセスそのものが、ある意味では主婦パート増加の要因といえる。女性が自ら主婦パートになると解釈するだけではなく、企業が主婦パートを創出しながら、主婦パートの仕事を用意しているという視点が必要であろう。

同時に、主婦パートは、正社員との歴然とした賃金格差を体験する。正社員の壁の高さを知るからこそ、この結果に我慢する主婦パートもいるし、納得できないが不満を胸にしまい込む主婦パートもいる。その背景には強力な性別役割分業があり、まことに日本女性特有の働き方といえる。

しかし、家族の家事・育児の分担があれば、正社員の壁を乗り越えられるかもしれない。親が協力する場合もあるが、なんといって夫の分担が鍵を握っている。

国立社会保障・人口問題研究所『第五回全国家庭動向調査　結果の概要』（二〇一四年）によると、夫婦の家事・育児の分担状況をまとめた**図表6**のとおり、二〇一三年の妻の平日の家事時

図表6　妻の家事・育児と夫に対する評価

	家事					育児			
	妻の平日の家事時間	「妻が100%家事」の割合（%）	「妻が90－99%家事」の割合（%）	「夫の家事に期待しない」割合（%）	「夫の家事に不満」の割合（%）	「妻が100%育児」の割合（%）	「妻が90－99%育児」の割合（%）	「夫の育児に期待しない」割合（%）	「夫の育児に不満」の割合（%）
主婦パート	270分	21.1	45.9	70.1	53.8	8.2	27.2	52.6	48.2
正社員	183分	13.7	30.0	53.5	42.3	5.6	20.9	37.0	35.2
専業主婦	359分	23.0	50.0	72.1	42.8	7.0	42.1	44.1	38.0

（注）図表中の正社員はこの調査では常勤と記載されている。また、専業主婦はその他と記載されているが、その内容はほとんど専業主婦と明記されているため専業主婦とした。
（資料）国立社会保障・人口問題研究所『「第5回全国家庭動向調査」結果の概要』2014年。

間は、正社員が一八三分、主婦パートが二七〇分、専業主婦が三五九分であった。専業主婦で長く、正社員で短く、主婦パートはちょうどその中間である。ということは、妻が正社員だと夫の分担が増え、専業主婦だと夫の分担が減り、主婦パートはその中間になると想像されがちだ。

ところが、現実は違う。一番わかりやすいデータをみると、妻が正社員でも、一〇〇%妻が家事を担当している割合は一三・七%で、まったく家事をしない夫がいる。妻が一〇〇%家事担当するというこの割合は、専業主婦では二三・〇%と二倍近くになるが、しかし驚くべきは、主婦パートも二一・一%と専業主婦とほとんど同じ割合なのだ。ちなみに、妻が九〇%～九九%家事担当の割合も、正社員が三〇%であるのに対して、専業主婦が五〇%と高いが、主婦パートも四五・九%と専業主婦に接近している。つまり、妻からみた家事負担は、働いている正社員と主婦パートとが接近しているのではなく、働いていない専業主婦と働いている主婦パートがほぼ同じなのだ。これでは、もっとも夫の助力が得られないという点で、主婦パートがもっとも過酷な働き方ということになる。

念のため、精密に生活時間を把握できる総務省『社会生活基本調査』で二〇一一年の主婦パート、キャリアウーマン、専業主婦それぞれの夫の家事・育児時間を観察したところ、**図表7**の示すように、やはり主婦パートの夫がもっとも家事・育児時間が少ない。

その結果、『全国家庭動向調査』(**図表6**)に戻ると、夫の家事に対する評価は主婦パートがもっとも低くなる。夫の家事に「期待しない」という妻の割合は、正社員が五三・五%であるのに対して主婦パートは七〇・一%で、専業主婦の七二・一%に近い。また、夫の家事に対して「不満」と回答した妻は、正社員が四二・三%、専業主婦が四二・八%でほぼ同じであるのに対して、主婦パートは五三・八%と高い。

このように、妻の家事時間の分布結果にだまされてはいけない。その密度の分布は等間隔ではない。夫を視野に入れた家事負担という点では、妻の家事時間の結果にもとづく、正社員、主婦パート、専業主婦の距離感とは逸脱し、主婦パートの育児負担の大きさが突出した特殊な状況にある。

一方、育児の実態は若干様相が異なるものの、根幹は家事の場合とほとんど変わらない。妻が

図表７　夫婦が１日のうちで家事・育児、仕事、睡眠に割く時間（2011年）

	①家事・育児	②仕事	①+②
主婦パート	5時間21分	3時間12分	8時間40分
その夫	33分	7時間40分	8時間13分
キャリアウーマン	4時間8分	5時間39分	9時間47分
その夫	48分	7時間54分	8時間42分
専業主婦	7時間43分	2分	7時間45分
その夫	46分	7時間22分	8時間8分

（資料）総務省『平成23年社会生活基本調査』。
（注１）夫婦と子どもの世帯で夫が有業の世帯。妻１週35時間をキャリアウーマン、妻１週35時間未満を主婦パート、妻無業を専業主婦とした。
（注２）家事・育児は、家事、買い物、育児、介護・看護の合計時間。
（注３）１日の時間は、１週の平均時間を７で除算して算出。

一〇〇％育児負担は正社員が五・六％、専業主婦が七・〇％、主婦パートが八・二％、妻が九〇％～九九％育児負担は、正社員が二〇・九％、専業主婦は四二・一％、主婦パートが二七・二％と、九〇％以上でみると、主婦パートの負担は、正社員と専業主婦の中間に収まる。

だが、詳細は省くが、たとえば「遊び相手をする」「泣いた子をあやす」「おむつをかえる」など育児内容を個別にみると、主婦パートの夫の育児負担が弱いことがわかる。このため、再び妻の評価をみると、夫の育児に対して「期待しない」割合は正社員が三七・〇％、専業主婦四四・一％に対して、主婦パートは半数超の五二・六％まで跳ね上がる。また、「不満」割合をみると、正社員三五・二％、専業主婦三八・〇％に対して主婦パートは四八・二％と、夫の育児に対する不満が高い。

要するに、家事にしても、育児にしても、主婦パートの夫に対する評価は最悪である。主婦パートで働く妻の働きぶりに対する夫の無理解や大きな誤解があるのか、あるいは家事や育児を分担する時間がまったくとれないほど仕事に拘束されているのか。たとえば、男性学と女性学の分析から、日本に特有の男女関係を鮮やかに描いた水無田気流『「居場所」のない男、「時間」のない女』（日本経済新聞出版社、二〇一五年）は、おそらくはその両方であることを教えてくれる。

しかし、どんな理由であれ、解決の糸口になるのは、主婦パートが企業から働きに見合った賃金を得ることしかありえない。主婦パートの賃金がもっと高くなれば、また、自らが社会保険に加入するようになれば、家事・育児時間をまったく取れないという分担は少なくとも再考される。妻が正社員である場合の夫の協力状況がそれを物語る。主婦パートは専業主婦と同じという意識から、正社員に近いものという意識まで考えが及べば、ようやく正社員の壁を乗り越える条件の一つが視野に入ってくる。だがこの期待を、日本社会は、主婦パートの虚像を演出しながら、高度な基幹化と低位の待遇で阻んでいるのだ。

非正規問題の「原型」

このように家庭と職場の両面に目を配り、「主婦」＋「パートタイマー」の構造を解いていくほどに、家庭責任がもっとも付着しつつ、基幹化の要請に対応する主婦パートの姿が鮮やかになる。この主婦パートの姿は、日本社会から促される女性の姿そのものである。女性の働き方がいかに家庭責任に規定されているかを明確に見せ付けるのが主婦パートなのだ。その意味では主婦パートこそ日本の女性労働の代表例であり、主婦パート世帯の増加と噛みあう現状においては、主婦パートの問題を避けるのは、今後の日本社会から目をそらすのと同じだ。

ところが、企業や家庭ではあたかも何事もないかのように主婦パートは扱われる。それはまるで見えているものが見えていないように扱われ、主婦パートを苦しめ続けている。こうした悪循環が残る限り、いくら女性活躍政策や総活躍政策に踏み出しても、女性代表とはみなされない主婦パートは主役とはならない。むしろ主婦パートの構造のなかで脇役を演じ続けることこそが活躍だとすり替えられてしまう。

軽視されているはずの主婦パートが、深刻な事態に直結していることも包み隠されている。それは主婦パートが非正規問題の原型であるという事実である。どうして主婦パートが非正規問題の原型になりうるのか。一言でいえば、これまでの主婦パート雇用で企業が「学習」してきたからである。

企業は主婦パートから享受してきた「うまみ」を他の非正規にも応用しようとする。パートやアルバイトの賃金は最低賃金や地域相場によって左右されていると言われる。そう信じられている。しかし、企業が考える「相場感」は賃金そのものではない。基幹化と賃金の差、つまり「うまみ」の大きさから「相場感」をみているのだ。パート賃金の本当の「相場観」とは、パート賃金の高低だけでなく、次のような正社員の賃金や生産性の比較にもとづき、それが割高なのか割

$$\frac{\text{正社員の賃金}}{\text{正社員の生産性}} > \frac{\text{パートの賃金}}{\text{パートの生産性}}$$

※この式が成り立てば「うまみ」が大きいことになる。

安なのかの判断である。

たとえば、いま単純に正社員の生産性を一〇、パートの生産性を四、また正社員の時給が三〇〇〇円、パートの時給が一〇〇〇円とする。割り算をしてみると、正社員三〇〇ポイント、パート二五〇ポイントで、パートのほうが割安となる。

基幹化に熱心な企業ならパートの生産性が五に上がると、パートのポイントは二〇〇に下がり、割安感が増すだろう。さらに、実際に基幹化が完結し、正社員と同じ生産性一〇となれば、パートのポイントは一〇〇となり、もっと割安になる。

企業側からみれば、パートの人件費削減策が成就するかどうかは、標的である主婦パートの生産性を高める基幹化にかかっている。主婦パートの構造の土台がある限り、多くの主婦パートから賃金をそれほど高くすることを求められず、いわば天井がある。だから、構造どおりに基幹化させるほど、賃金はさらに割安になる。

〝主婦パートの賃金が安いから雇用する〟のではなく、〝主婦パートはその働きを増価させやすいから雇用する〟が本当の理由である。増価や減価という用語は、為替レートの変動による通貨価値などで使用するのが一般的だが、それを労働の世界に持ち込みやすいのが主婦パートなのだ。

だから、主婦パートであれ、学生アルバイトであれ、その「うまみ」がとれなくなると、つまり割高になると判断すれば、企業は乱暴になってくる。しかも、乱暴に扱っても、不満や不平を胸に秘めてたたかえない立場であることはもう検証済みなのである。

すでに社会問題となったブラックバイトだが、企業を非難する構図は、学生の労働法に対する知識不足や若者ゆえの立場を利用した悪質な行為を正すというものだ。この構図は間違いではない。だが、その根底には企業が極度に非正規に依存して基幹化に乗り出していること、そして、その基幹化と低待遇のセットで乗り切ろうとしていることが原因である。社会問題として浮上はしなかったが、非正規問題の原型である主婦パートへ視線を向けることで、ブラックバイト問題がより鮮明になるだろう。

労働分野の和製英語の代表例は、「KAROSHI（過労死）」だが、問題の深刻さからすれば「キカンカ（基幹化）」を加えても不思議ではない。静かにしかし着実に社会に甚大な被害をもたらす日本特有の課題であることがわかる。

さらに、たとえば、シングルマザーを考えてみればよい。職場で、主婦パートと一緒に働く仲間であるはずのシングルマザーは、税控除のメリットもなく、第三号被保険者でもないのに、それらを織り込んだ低い賃金しか受け取ることができない。

彼女たちが、「私たちは主婦パート用の賃金では生活できない。」といくら訴えても、数多くの主婦パートが「三つのセット」（**図表3**、前掲二〇頁）にもとづく労働条件で働いているため何も通用しない。つまり、主婦パートの構造が労働市場全体の最低水準を引き下げている。ここにも非正規雇用問題の原型である主婦パートの構造がある。これでは主婦パートは被害者ではなく加害者にされてしまう。

第三章

主婦パートの発見～虚像と実像～

主婦パートの満足度はなぜ高い

正社員であろう多くの男性読者にとって、これまで述べた内容はまったく興味のない話だろう。また経済社会現象の分析を職業とする立場、しかも非正規労働を対象とする研究者であっても違和感のある話だろう。それほどまでに主婦パートは見えない存在、あるいは見なくてよい存在なのだ。

しかし、筆者のようなジャーナリストの立場からあえていえば、学者の研究のあり方に違和感を覚える。どうしてこれほどまでに主婦パートが見えないのか。いったい主婦パートはどのように研究されてきたのか。研究が停滞してきたとしか思えない。「主婦なのか、それとも労働者なのか。」と甘い議論をしているうちに、主婦パートに重い負担がかかるのを見過ごすこととなった。見えないから見えないものとしているか、見えているように装っているようにすら感じる。

その結果、ますます主婦パートの虚像が広がる。最たるものは、意識調査結果の分析だ。主婦パートはどうみても苦境のなかにいる。しかし、労働者の満足度を調査した研究は、必ずパートタイマーの満足度が高いと指摘する。もちろん賃金や賃金格差に関する満足度は低いが、パートという働き方に満足している回答者が多い。

佐藤博樹・小泉静子『不安定雇用という虚像　パート・フリーター・派遣の実像』（勁草書房、二〇〇七年）によると、主婦パートという就業形態に対して満足しているのは、「満足」二三・六％と「どちらかといえば満足」五五・二％を足して八割近くにのぼる。しかし、圧倒的多数が満足だというこの事実ははたして実像なのだろうか。

この調査結果は、この本のタイトルの趣旨を支持するかのようにみえるが、この意識調査の実態はとても客観的なものではなく主観的だ。まさか主婦パートの問題点を隠しておこうとする意図があるわけでもないと思うが、調査結果がそう語っていると断言する前に、検討すべきことがたくさんある。

第一に、この満足度は、主婦パートの中身による。分析に使用されているデータでは、主婦パートを選択した際になんらかの制約条件があったのは約六割であり、そのうち子どもがいることが制約条件であるのは約八割なので、主婦パートの約半数が育児面の理由によりパートタイマーで働いていることになる。

子どもの制約がない主婦パートの満足度は高いのか低いのか同じなのか。つまり、どちらの主婦パートが満足度をリードしているか、それとも関係ないのか。それらは不明なのでこれ以上の検討はできないが、両者の差は他の非正規の就業形態との差よりも大きいかもしれない。

第二に、主婦パートの立場にもっと目を凝らすべきである。家計の補助ではなく生活の維持のために働く主婦パートが増えている。家庭ではたいした協力も得られないなかで家事や育児をこなしながら、職場では企業からの基幹化の要求に応じて労働密度が高まっている。自分がいなければ、家庭も職場もうまく動かない。つまり主婦パートはキーパーソンなのだ。その自分の働き方を評価したいという意識、そう言い聞かせたい意識が、回答の半数以上を占める「どちらかというと満足」という回答の内実ではないのか。

このように、調査の回答割合の解釈は難しい。主婦パートは何に価値を置くかの違いが大きく、回答の際の比較基準が違うからである。本来、比較のない意識調査はありえない。おそらくは、別々の何がしかを比較しているのであって、正社員と主婦パートが互いに比較して満足度を回答しているのではない。回答者が明確に比較していないことを脇において両者の調査結果を軽々に比較すべきではない。

主婦パートは、自分の置かれた状況を、しかもそうせざるをえない状況、頼られている状況を考え、よほどのことがない限り、自分の立場を何がしかの理由で認めることはあっても、自分の職業生活を否定することを躊躇するだろう。

この推測にはなんの証拠もないが、確信ならばある。職場で理不尽な目にあっても、我慢したり、折り合いをつけて黙々と働き続けてきた人たちこそ、これまで筆者が実感をもって話を聞いてきた主婦パートの実像だからだ。

満足度の高い主婦パートは実像か

しかし、確信がある、といってしまうと証拠とはみなされず、同意できないといわれそうだ。もう少し、データというものに踏み込んでみよう。

主婦パートの就業形態に対する満足度が高いといわれても、すぐにそう理解するのは危険である。それどころか、実は何も語っていないのかもしれない。データ主義を否定するわけではない。むしろ、データ主義に忠実にしかも丁寧に考えてみたいのだ。満足度の結果が暗示する意味は多様である。それを説明する内容と脈絡がわからなければ、本当に主婦パートの満足度が高いか低いかは判断できない。主婦パートの主観的な満足度が高い調査結果があるから、客観的に主婦パートが満足している、と結論を下すわけにはいかない。その主婦パートとは何者かを考え抜いてデータを解釈しなければならない。

そのためには、回答者である主婦パートに関して「観察できる違い（その調査でわかる範囲の違い）」と、「観察できない違い（その調査だけではわからない違い）」の影響がわかったうえで、主婦パートの満足度が高いと判断すべきである。

そうなると、同一の調査主体が実施する調査で、同じ対象者に何度もたずねる調査、つまり

「パネル調査」が有効である。たとえば、かつて正社員であった時の満足度より、主婦パートに代わってからの満足度が高いならば、主婦パートの満足度は高いといえる。いまや主婦パートのほとんどは正社員経験者であり、その変化を追うのはそれほど難しいわけではない。また、「パネル調査」ならば、同一人物の変わらない特徴から、観察されない違いを特定でき、それが満足度にどう影響しているかを知ることができる。

しかし、「パネル調査」を用いて主婦パートであることの満足度を分析した研究は見当たらない。ただし、そのヒントになる研究ならある。メンタルヘルスに対する意識の変動について、観察される違いも観察されない違いも視野にいれたパネル調査結果の分析によると、非正規就業者になった女性はメンタルヘルスの状態が良好になる。（中澤渉『男女間メンタルヘルスの変動要因の違いに関する分析』東京大学社会科学研究所パネル調査ディスカッションペーパーシリーズ№31、二〇一〇年）。

他方で、非正規女性の収入が増えるほどメンタルヘルスの状態が悪化する。これらの結果から中澤氏は、仕事と子育てや家事との両立で悩まされる女性が多いと指摘している。残念ながら就業形態に対する満足度の結果ではないが、説得力のある結論である。

職場で高まる基幹化の圧力に応えて、少しでも収入を増やすことで、メンタルヘルスの悪化傾向がみられるという主婦パートの回答は、はたして、主婦パートであることに満足となるのか、それとも不満へと導くのか。主婦パートの満足度の実像を知るために、分析結果が欲しいところだ。「パネル調査」を利用した満足度の研究が多く発表され、実は主婦パートは不満だらけだった、と客観的なデータでわかる日が来るかもしれない。

実像を見る手段を求めて

結局、アンケート調査によって主婦パートに直接たずねた意識をいくら詳細、精密に分析しても残念な結果になる。これもある、あれもある、というように意識の広がりがあること自体が結論になってしまい、本質は何であるのかから離れていく。だからなんの解決策も見出されない。それどころか、いずれかの意識を取り上げればストーリーはいくらでもつくれるから、虚像がはびこる温床になる。

したがって、主婦パートの実像を知るためには、当たり前の研究結果を生みだす以上の高度な視点が必要になる。つまり、これまでの非正規研究の分析とはまったく違う手法を取り入れなければならない。非常に困難な営みだが、あらかじめ実像を特定して、その妥当性を測定するしかない。主婦パートの構造を構成する各要素や組み合わせを提示し、その適否を問うべきだ。つまり、主婦パート自体を示す本質的な指標に主婦パート本人がどれほど賛同するかだ。もうこうした段階に入るべきだと思われる。しかし、そんなアンケート分析はありそうもない。

そこで発想を転換して、主婦パートは見えないから何が起きているかを虚心に考える。すると、主婦パートは苦境に陥っても無力であることに思い至る。では無力とは何かを問う。すると、主婦パートは苦境に陥っても、たたかったことがないという事実が浮上する。いや主婦パートはたたかえないのだ。

ここに主婦パートの実像に迫る糸口を見出したい。まずはたたかってしかるべき主婦パートを確認し、次になぜたたかわないのかを明らかにしてから、たたかう主婦パートを捜索することにしよう。

不満だらけの主婦パート

二〇一四年一〇月、マタニティハラスメント（マタハラ）が争われた裁判の報道に働く母親たちの注目が集まった。広島市の病院で勤務する理学療法士の女性正社員が妊娠後に降格されたことは、「男女雇用機会均等法」違反だとして損害賠償を求めた訴訟で、最高裁判所はこの降格を違法ではないと判断した高裁判決を破棄する判決を下した。しぶしぶ降格を受け入れざるをえなかった女性は降格に同意していないのに、会社は同意したのだと主張していた。

「男女雇用機会均等法」をめぐる初めての判断が出され、厚労省がマタハラ防止に積極的に乗り出した。大きな病院でもこの現実だから、もっと小さな企業ではマタハラはもっと横行しているはずだ。

実際に二〇一五年に実施された連合非正規労働センター『マタニティハラスメント（マタハラ）に関する意識調査』によると、マタハラ経験のある女性は約三割である。企業の都合で働く人の権利が無視される現実がはっきりとわかる。

女性正社員の裁判はこれまでも多くの成果が積み上げられてきている。ところが、非正規は、とくに主婦パートが裁判に踏み切ることはほとんどない。職場でひどい扱いを受けて思い悩む主婦パートは、まず身近な人に不平や不満を聞いてもらったり、相談する。しかし、不平や不満という程度で収まらない、許せない差別や攻撃を受ければ、専門の相談員に話を持ち込むことを考える。

たとえば、女性ユニオンの連合体である働く女性の全国センターは、二〇〇七年の発足以来、無料の全国電話相談を続けている。同センター副代表の伊藤みどり氏はこう述べている。


パート労働は主婦の家計補助と位置づけられ、賃金が低くても夫の扶養範囲に収まっているほうが良いと捉えられてきたが、昨今の労働環境の変化により、その賃金で自分や家族を養わなければならない非正規雇用者の割合が増加している。労働時間や勤務内容がほとんど同じであるのに、賃金が半分以下という相談が多い。賃金格差をはじめとした処遇に関する怒りが、近年非常に強くなっていると感じる。一〇年前もパートタイマーの賃金はたしかに安かったが、その分仕事の責任が重くなく、残業せずに帰ることができた。したがって子育てと両立できたので、パートタイマーも我慢できたし、ワークライフバランスがまだ保たれていた。しかし現在はパートタイマーでも残業があり、有給休暇が取れない、正社員と同等の仕事を任され、目標管理をさせられ、転勤もある。それでいて賃金は上がらない。長時間労働を強いられるので、パートでありながら、時間的、体力的余裕がない。そういった怒りが非常に強くなっている。

実際にどんな主婦パートの声が集まっているのか。働く女性の全国センター編『働く女性のホットライン報告集』を利用して、同センターへ寄せられた三〇〇〇以上もの相談記録のなかからごく簡単に主婦パートの声を紹介しよう。

○勤続三年で、正社員と同等の仕事をしているが、賃金は一回も上がらない。「パート労働法」が改正されたので労働条件の改善と正社員化を要求したが、「前例がない。」と断られた。

○「パート労働法」改正で時給が二五〇円上がったが、年二回出ていたボーナスをその分減らされたので、総支給額約二〇〇万円はほとんど変わらない。一日一〇〇円の昼食補助もパートだけ廃止された。正社員登用制度はあるが、資格やノルマが厳しい。時給アップだけが新聞で報道されて周囲から「よくなった。」といわれるが、全然よくなっていない。

○職場で資格試験を取るように言われたが、正社員は受験日が有給扱いなのにパートは欠勤扱い。交通費についても、合格したら支払われるが、不合格なら支給されない。

○仕事が遅いという理由で、時給を九〇〇円から七五〇円に下げられ、最賃以下になった。

○ハローワークの紹介では時給八〇〇～八五〇円（試用期間二か月八〇〇円）とあったが、試用期間が過ぎても八〇〇円のまま。上司に相談しても相手にしてくれない。労働契約書もない。

○一般事務として採用されたのに、現場作業の仕事をさせられ、時給が一五〇円下がった。労働契約書はないし、有給も取れない。

○一年ごとの契約更新で勤続五年になるが、更新時期にきちんと更新契約をしてもらえないので苦情を言ったら、その後三か月更新に変えられ、「次の更新はない」と言われた。

○セクハラを受けて会社の窓口に苦情を言ったら、セクハラがあったことを言わないなどの念書にサインして和解するように言われ、拒否したら解雇された。

○販売代金の集金の仕事で客の未払い分を立て替えさせられ、返してもらえないまま解雇された。立て替えたお金を返してほしい。

○サービス業で、残業手当が未払いで、また休日労働があるのに賃金が支払われていない。始業時間が就業規則より三〇分早い出社が義務化されている。有給休暇も取れない。

○震災の影響で客が減ったので一か月休むように言われた。

○一日五時間週五日働いているのに雇用保険に加入していない。

○「辞めるから失業保険の手続きをしてくれ。」といっても、「また雇うから、それまで待っていてくれ。」と言われ、手続きをしてくれない。

○一日八時間で週五日勤務、社会保険あり、との募集で入社したが、「スキルが足りないから社会保険に加入できない。」と言われた。

○社会保険に加入させてくれない。店長から「自分の考えで辞めさせることもできる。」と言われた。

これらはいくつかの典型例を選んだだけで、類似の相談が大量に寄せられている。もう一度、念押ししたいが、これらは氷山の一角だ。多くは泣き寝入りしているから表面に出てこない。それでも、どうしても許せないからと労働局の労働相談に至り、そこから労働紛争処理制度を知り、助言や指導、あっせんなどに望みをつなぐ主婦パートは少数ながら存在する。だが、残念ながら多くは解決されないままとなる。これが主婦パートの限界である。

実際にあっせん申請に至る労働者のなかに、主婦パートが散見される。あっせん申請者の状況は本来第三者が知ることはできないが、幸いなことに、あっせん記録を分析した濱口桂一郎『日本の雇用終了―労働局あっせん事例から』（労働政策研究・研修機構、二〇一二年）でその一部を知ることができた。

○収入制限があるため、一日四時間労働の条件で入社したのに、「長い時間働けなければ辞めてくれ」と言われ、辞めた。

○平日週四日勤務で採用されたのに、平日週五日かつ土曜もできるだけ出勤と勤務日を変更され、無理なら解雇と言われた。

○パートなのに、突然他店への異動を命じられたが家族や本人の体調の都合がつかず、退職せざるをえなかった。

○雇用の削減を目的とした支社閉鎖と他県への転勤を通告された。入社時に勤務地限定と説明されたことや期間雇用という身分での転勤は受け入れがたいことから、正社員化を要求した。

自分の都合に合わせて働くものだと信じられている主婦パートだが、現実はそう簡単にはいかない。また、生活圏内の勤務場所にとどまりたいから正社員との大きな格差にもなんとか心の折り合いをつけて我慢しているのに、それもないがしろにされる。そうであれば、もはやパートとはいえないから、正社員になりたいという要望が出るのは当然だろう。

主婦パートがたたかえない理由

主婦パートは、ひどい目にあっても、思い切って労働相談を受けても、気持ちではたたかいたくなっても、多数の障壁が立ちふさがる。思い切って労働相談の門をくぐっても、助言やあっせんを申請するだけでも敷居が高く、ましてや労働審判という高いハードルを超える決心がつかない。そんなお金も時間もない。お金があるならば主婦パートをしていないし、時間があるならもっと働かねばならない。だから一目散に逃げるだけだ。

さらに、上位の裁判に踏み切るのには巨大な壁を乗り越えるようなものである。裁判の壁は、第一に費用である。高額な裁判費用はいったいどこからもってくるのか。高給取りでもない主婦パートが個人で裁判なんてやりようがないし、負けて損する可能性がある。また裁判には長期間を要し、自分の人生を犠牲にする。その期間を過ごすなら別のことをしたい。あるいはそんな時間はない。短い人生ならそう考えるのは当然である。決して大げさではなく、裁判は人生の賭けに出ることになる。

第二に、裁判は勝利の見通しが立ちにくい。裁判に入ると資料の提出が多くなるが、手元にたくさんの資料があり、事後でも収集できる企業に比べて、主婦パートは資料をほとんど持っていない。これでは負けるのは目に見えている。弁護士ですら裁判に反対する場合がある。

第三は、いわゆる社会の目の厳しさだ。大きな問題もなく日常生活を送る人々の間では、裁判を起こすことが異常なことのように映る。部外者からは遠回しに中傷されたり差別されたり、身内からは直接に反対や非難を受ける。

だから、主婦パートはたたかう気があってもたたかえない。企業がルールと呼ぶものに従うか、企業から逃げるしかない。こうして、主婦パートの実像は覆い隠されてきた。これも主婦パートの虚像が蔓延している原因の一つだ。

企業にとっては、主婦パートは本当にありがたい女性たちだ。不平不満があっても抵抗せず、じっと我慢してくれるからだ。表面上、笑顔さえ見せてくれる。その笑顔をみて企業は、仕事を提供しているからと彼女たちに感謝を要求しはじめるのだ。その段階になると、感謝をしない、従順ではない主婦パートを見つけると、あからさまにひどい扱いをすることになる。

だから、ごく少数とはいえ、たたかえないはずの主婦パートがたたかう場合には、企業は本来の姿を現し、本当は蓋がされていたはずの実像が表に出る。そう考えれば、たたかう主婦パートに注目してこなかったほうが奇妙である。たたかう主婦パートの行動こそ、ひたすらに多様性を検証しようとするだけの中途半端なアンケート調査よりもはるかに良質な第一級資料なのである。

幸いなことに、たたかう主婦パートを探しだし、遭遇することができた。いよいよたたかう主婦パートに登場してもらおう。

第四章

たたかう主婦パートのリアル～坂喜代子《ばんきよこ》さんの場合～

「泣き寝入り」しない主婦パート

これから取材結果にもとづいて、たたかう主婦パートを描くが、その意義は二つの面がある。一つは、すでに述べたように、たたかう主婦パート「を」発見することで、貴重なデータを手に入れることができる。だが、もう一つの意義を忘れてはならない。それはたたかう主婦パート「が」発見したことの意味だ。たたかう主婦パートは、うすうすは気付いていた見えてこなかったものをあぶり出す。人間は見えないものしか信じられないが、たたかう主婦パートの体験が可視化されることで、パート労働のみならず、非正規労働に共通する本質にたどり着くことができる。

主婦パートの待遇の低さの現実的な原因は、主婦パートは不平や不満があっても、直接に企業にぶつけて改めさせることはないからだ。正社員なら組合活動という手もあるが、主婦パートまで組合の手はなかなか及ばない。だから、絶対に許せないような事件があっても、ほとんどの主婦パートは企業を辞めることを選択する。そこで「夫の稼ぎをあてにできる人は辞められていいね。」とレッテルが貼られておしまいだ。あるいは、もし別の勤め先のあてがなければ、我慢して泣き寝入りして働く。通勤圏内には、他に働き口がないことも多い。

収入を失って生活を苦しくすることだけは絶対に避けたい主婦パートにとっては、泣き寝入りのほうがまだましだ。だから、主婦パートという働き方には、企業に居座って働くための条件や環境を改めさせるというシーンはありえない。つまり、企業とたたかう主婦パートは存在しないはずである。

ところが、きわめて希少なケースだが、ひどい目にあっても、泣き寝入りをせず、かといって企業を辞めたりもせず、歯を食いしばって懸命に働きながら、次々に待遇や環境を改めさせてきた主婦パートが現実にいる。

その人の名は坂喜代子《ばんきよこ》さん。愛知県東海市在住で、現在六四歳、女性ユニオン名古屋の委員長だ。坂さんの名古屋銀行での約三〇年ものパート経験は、最初は一九八〇年代の日本で異例のパートタイマーの労災認定に始まった。一九九〇年代、二〇〇〇年代を通じて勤務しながら労働条件向上の追求を続け、最後は「パートタイム労働法」の実効性を問う正社員化要求に至る。

坂さんのもとへ足繁く通った取材にもとづいて、たたかいの記録をたどり、全体像も振り返りながら、主婦パートの問題を点検する。あわせて、「パートタイム労働法」を中心とした法制度にどのような問題点があるのかを描きたい。

「パートタイム労働法」はどうして「使えない法律」として悪名をはせているのか。なぜ「パートタイム労働法」がいつまでたっても死文に陥っているのか。パートタイマー全体のことを広くカバーすることに終始するから、同法の中身は空論に近づくのではないか。議論の順序が逆なのだ。むしろ、一人のパートタイマーにとってその法律がどのくらい実効性をもつのか、という現場の視点を重ねて法整備する必要があることは、坂さんのケースをみればすぐ理解できるはずだ。

銀行支店の過酷な業務

坂さんは、もともと住んでいた東海市から豊明市に引っ越してきて早々に名古屋銀行（旧名古屋相互銀行）の豊明支店のパート募集に応募し、一九七九年同支店で勤務を始めた。近隣には、愛知県下でも有数の大規模な団地や大学、病院などがあり、同行のなかでも最大級の業務量を誇る支店だった。

当時、銀行支店の中心業務は、各種通帳の出入金や残高照会、公共料金、その他特定の料金の引き落としなどである。ATMの一部導入が始まったばかりの当時は、これらの膨大な取引の記録は、電子計算端末機による労働者の入力作業に依存していた。

この入力を行なうのが坂さんのような支店オペレーターであった。電算端末機といっても、現在のような軽いタッチの仕様ではなく、重いキーをそのつど指で押さなければならない。オペレーターの実体はピアノ演奏のようなキーパンチャーであった。しかも、普通預金、当座預金、定期預金、積立預金の処理、保育料、駐車場代などの料金の引き落とし、残高照会、通帳記入、など種類が多い複雑な作業で、あらゆる取引記録を逐一端末機で打ち込むことになる。もちろん、通帳の新規作成や住所変更、事故処理などもある。つまり、作業量が膨大なだけでなく、正確性や迅速性も要求される神経を消耗する過密労働である。

当時の豊明支店のカウンター内の配置図を作成してみると**図表8**のようになる。融資などのカウンターは三つの窓口があり、それ以外の一般窓口は四つある。つまり多くの客が訪れる一般窓口には、四人の受付がいる。当時の受付担当はみな男性正社員だ。このラインは第一線という。

その奥、つまり受付の背後は第二線と呼ばれ、出入金を認める事務役席を配置していて、その左右に二台ずつ、計四台の端末が設置されていた。ここが坂さんの持ち場だ。さらにその背後には、後方事務の第三線、さらに一番奥はもちろん支店長席である。

坂さんはまず複雑な作業を短期間で覚えた後、第二線で端末機への入力作業を始めた。他のオペレーターとともに端末機を担当する建前になっているが、来店客が増えたり、他のオペレーターが別の作業を始めると、七つの方向から大量の伝票をシャワーのように浴びせられ、たった一人で四台の端末機を担当する。顧客の量に店舗の規模が合っておらず、店内が込み始めると、カウンターは満員電車のようになる。だから、継続して膨大なキーパンチ量になる。

図表8　名古屋銀行豊明支店の配置図

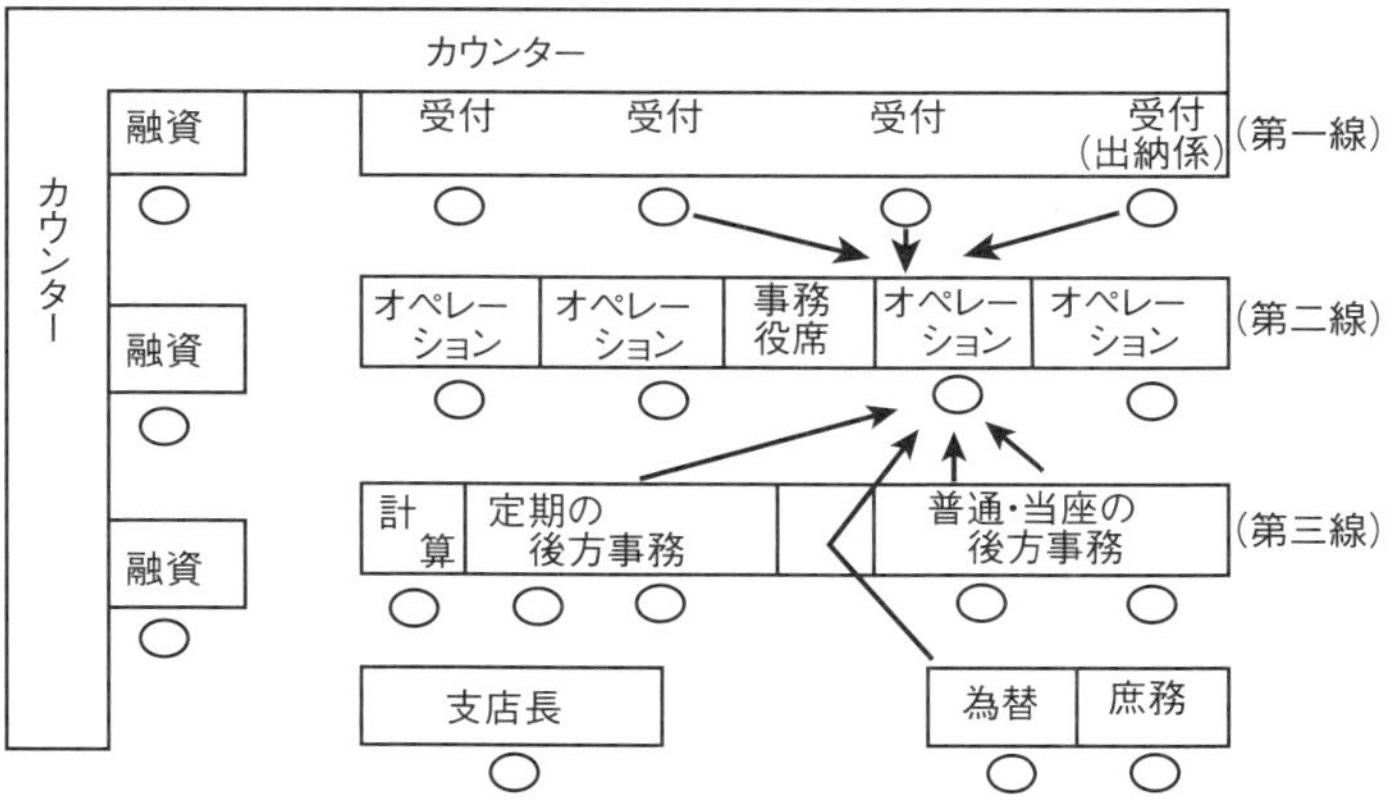

→は、坂さんが一人で入力する伝票の流れを示す。

勤務時間は九時～一六時だが、繁忙支店のために、平日は日常的に残業があり、休憩時間も確保されない。また、土曜日は正社員の半数が休日になるため、そのしわ寄せは坂さんへ及ぶ。休憩もないまま勤務は正午を超えて一五時までかかることも多い。坂さんがいかに過酷な仕事に従事していたかがわかる。

襲いかかった「けい肩腕障害」

日本でけい肩腕障害が発生しはじめたのは、一九五〇年代後半であり、速記者やタイピストたちが主な患者であった。一九六〇年代に入るとけい肩腕障害は、続々とキーパンチャーを襲い、大手証券会社や保険会社では症状に悩んだキーパンチャーが相次いで飛び降り自殺して社会問題となった。以後、幅広い職業へ広がり深刻な職業病の一つとして定着した。

一般に職業病は、技術革新を背景とする合理化をもたらすことが多い。電子計算機の登場とキーパンチャーの関係をみればわかるように、けい肩腕障害もその例外ではなく、銀行に新たな職業病をもたらした。名古屋銀行では、電子計算端末機を操作する坂さんにもその牙が突き刺さった。

一九八〇年六月から主力のオペレーターとなり、七月に早くも身体に変調がみられたのだ。手、指、腕、肩がこり、だるさを覚え、次第に痛みやしびれを感じるようになった。同年一二月になるとそれは激痛に変わり、吐き気も感じて眠れない日が続く。誰がどうみても、典型的なけい肩腕障害の症状だ。文字どおりのキーパンチャー病である。

しかし職場で、坂さんをいたわることなく、むしろ急き立てていた。同じくけい肩腕障害の問題が発生した職場に、スーパーマーケットのレジチェッカーの例がある。金銭登録機つまりレジの重いキーを押し続ける仕事である。そのスーパーで明らかになったのは、レジ精算のために待たされ、行列をつくる買い物客に、怒号とともに急き立てられ、レジチェッカーが次々とけい肩腕障害になっていったことだ。単に入力回数の問題ではなく、精神的な圧力にさらされて作業を続けることも発症原因となりうる。そのため、けい肩腕障害は、いまや運動器系だけでなく、神経系、自律神経系、感覚器系、循環器系、などの障害を発生させうる全身病の症候群と認識されている。

坂さんのケースもまったく同じだ。立錐の余地もないくらいに集まってくる来店客が窓口で待たされてイライラしている。通帳類を受け取る第一線窓口の男性正社員が、四台掛け持ちで入力中の端末機を「もっと速くやれ」と叩き続けるのだ。坂さんの症状はみるみるうちに悪化していった。

そこではじめて本店の診療室で診察を受けたところ、医師から入力回数を減らすように指示され、一時は別の仕事に移った。だが一九八一年三月の決算期に再びオペレーターに戻されてしまった。最繁忙期に殺人的な業務量に達するに至り、銀行側はますます、仕事の早い坂さんに頼った。耐えきれず症状を訴え配置転換を希望し続けたが、銀行は無視していた。

この間、ついに右の指が痛みで使えなくなり、そのつど指を変え、最終的にすべての指が利かなくなった。このためボールペンを使って入力したが今度は右手に激痛が走り、左手に変えたが同じで、結局両方の手と指をだめにした。家庭では、包丁が持てず食事が作れず、箸がもてずに食べることにも困難をきたしていた。

ここに、坂さんが同僚の協力を得て当時の作業のタッチ数を算出した資料がある。現金での支払いと入金、通帳での支払いと入金の計四種の作業ごとのタッチ数から総タッチ数を算出した、一九八〇年一二月と一九八一年五月の計二ヵ月間の記録である。そのうち、一九八〇年一二月のタッチ数を抜粋すると**図表9**（五六〜五七頁）のようになる。

たとえば、一九八〇年一二月一日の総タッチ数は、当座預金四二九三、普通預金一万〇一二〇、定期預金六二〇、積立預金七七〇、定期積立七七で合計一万五八八〇回に及ぶ。月間にすると、

(1回20タッチで算出)			積立定期預金（1回11タッチで算出）					定期積立（1回11タッチで算出）				
振込出金	振込入金	総タッチ数	現金出金	現金入金	振込出金	振込入金	総タッチ数	現金出金	現金入金	振込出金	振込入金	総タッチ数
15	8	620	4	61	2	3	770	0	4	0	3	77
4	4	660	1	39	0	3	473	1	4	1	3	99
3	1	320	2	16	3	3	264	3	4	1	0	88
7	2	280	6	23	1	3	363	0	3	1	1	55
2	4	360	1	35	1	2	429	0	3	0	2	55
5	5	900	2	32	1	2	407	1	5	0	3	99
12	8	980	2	47	0	7	616	0	7	0	2	99
8	8	820	4	29	2	2	407	1	7	0	0	88
5	4	460	0	19	3	5	297	0	4	0	4	88
7	4	860	3	24	1	3	341	3	1	0	1	55
6	4	820	0	20	0	1	231	1	3	0	1	55
11	6	820	0	28	0	2	330	1	3	0	1	55
2	3	640	1	21	0	2	264	0	8	0	1	99
7	4	940	1	21	1	1	264	1	3	0	2	66
7	7	1060	3	26	3	5	407	0	1	0	4	55
8	4	900	2	35	1	21	649	0	1	0	1	22
14	9	1280	3	22	0	1	286	0	6	0	1	77
2	5	680	2	27	2	3	374	1	2	0	1	44
7	8	600		21	1	2	264	2	12	0	0	154
2	2	460	1	22	2	2	297	0	1	0	0	11
6	4	580	3	43	1	10	627	0	2	0	0	22
8	2	720	1	51	0	1	583	1	9	0	0	110
9	10	1100	2	62	0	4	748	0	7	0	2	99
12	5	1160	6	72	2	5	935	2	7	0	1	110
6	8	1180	2	65	1	2	770	0	16	1	3	220
4	6	680	0	44	2	4	550	0	12	1	7	220
179	135	19880	15	905	30	99	11946	18	135	5	44	2222
											合計	289,767

図表９　坂さんが扱った伝票数と推定タッチ数　(1980年12月)

	当座預金（入金1回12タッチ、出金1回17タッチで算出）					普通預金（1回20タッチで算出）					定期預金	
日	現金出金	現金入金	振込出金	振込入金	総タッチ数	現金出金	現金入金	振込出金	振込入金	総タッチ数	現金出金	現金入金
1日	197	51	16	5	4293	114	332	28	32	10120	3	5
2日	90	46	5	8	2263	81	304	20	46	9020	21	4
3日	41	19	5	9	1118	65	162	17	67	6220	4	8
4日	46	27	2	4	1188	55	159	16	38	5360	2	3
5日	80	28	6	7	1882	75	181	25	86	7340	3	9
6日	44	33	4	2	1236	77	269	10	13	7380	2	33
8日	52	28	7	15	1519	77	193	31	71	7440	6	23
9日	不明					84	211	19	14	6560	4	21
10日	不明					96	172	26	179	9460	5	9
12日	不明					88	154	20	61	6460	8	24
13日	不明					95	195	15	40	6900	3	28
15日	不明					60	130	23	49	5240	4	20
16日	不明					86	230	19	30	7300	6	21
17日	不明					86	206	22	38	7040	9	27
18日	62	36	14	10	1844	95	228	26	62	8220	12	27
19日	48	27	12	2	1368	95	174	28	62	7180	5	28
20日	23	40	10	4	1089	76	183	22	62	6860	13	28
21日	44	46	8	5	1496	95	228	51	58	8640	4	23
23日	不明					82	194	21	39	6720	4	11
24日	64	26	7	5	1579	104	203	17	38	7240	8	11
25日	93	37	13	7	2330	134	202	42	157	10700	5	14
27日	88	37	8	7	2160	94	284	29	88	9900	1	25
28日	不明					133	389	35	74	12620	8	28
29日	100	60	5	11	2637	144	467	36	92	14780	17	24
30日	154	88	5	8	3855	144	410	28	80	13240	7	38
31日	253	62	13	18	5482	105	297	33	87	10440	2	22
計	1479	691	140	127	37339	2440	6157	659	1663	218380	166	514

不明日を除いた過小な試算でも、ざっと約二九万回となる。おそらく三〇万回を超えるだろう。

いよいよ勤務ができなくなったため休業を指示する診断が出されたのは、一九八一年六月のことである。現職場での休業を指示するが、ただし職種を変えれば就業は可能、との内容だった。これで、ようやく地獄のような仕事から解放される。だが、この病んだ身体はどうすればよいのか。坂さんは、安堵と不安が入り混じった気持ちで、名古屋銀行へ診断書を提出して、休業を申し出た。

銀行の冷酷な対応

ところが、銀行側の対応は想像を絶するものだった。「症状が完治しないと雇用できない」と回答してきたのだ。これまで六ヵ月ごとの雇用契約であり、ちょうど雇用契約の期限が切れそうな時期だったので、それを理由に退職を迫ってきた。同時に、銀行は同じ理由で健康保険の休業補償の手続きすらも拒否した。坂さんが帰宅すると、すぐに電話が鳴り、受話器をとるとしつこく退職を催促してくる。

銀行側には、正社員ならばともかく、パートタイマーだから仕方がない、と諦めさせようとの意図があった。しかも、そのとおりに、諦めるものと確信している。

こうした銀行の非情な対応に、気持ちがおさまらないのは当然だ。銀行は、坂さんに頼り切っていたのに病気になったから使い捨てにしようとしているのである。なりたくて職業病になったのではない。しかも症状が悪化しないようにと、職種変更を希望しても、銀行側は無視してきた。自宅では家事や育児にも困るほどの症状になり、休業になったらしつこく退職を迫るとは、人権を無視しているといっても言い過ぎではない。なお、坂さんは結局、その後の治療に八年間専念し、症状は徐々に回復しつつあるが現在も完治していない。

坂さんの体験から、パートタイマーに対する企業の常套手段といえる扱いぶりがはっきりとわかる。そこには、パートタイマーに頼り切る職場の実態と差別が同居している。あたかも主婦に働きがいのある職場を提供しているかのような姿勢の背後には、非常にうまみのある雇用を開発して、いかにそのうまみを大きくして吸い上げるか、という本当の狙いがある。時給を抑えた分は、見方によっては、一時間ごとに企業の利益として積み上がる。

〝パートタイマーの基幹化（基幹労働力化）〟と差別の組み合わせは、決して遠い過去の話ではない。それは非正規労働者全体に当てはまることだ。それがうすうすわかっているから、非正規労働者が増えるほどに、社会全体に悲壮感が充満してくる。

銀行の対応がそんなに冷たいのなら、労災のことだけでなく、あれだけ根を詰めて働いた職場のあらゆることが許せなくなる。改めて振り返ってみれば、この労働条件は、すべて「労働基準法」違反ではないのか。数知れず応じている残業では、八時間を超えた分は割増の残業代が支払われるはずである。どう考えても不払い残業ではないのか。そもそも正社員と同じ仕事内容で、職業病になるほどの働きぶりを求めているのに、時給五〇〇円は低すぎるのではないのか。正社員の賃金と比較したらその格差は目がくらむほど大きいのだ。

あくまでも臨時のアルバイトとして扱うくせに出勤日数は正社員並みだ。坂さんは改めて自分の出勤日数を確かめてみた。すると、一ヵ月間で二〇日、二五日、二四日、二五日というように、一九八〇年二月から一九八一年五月までの一六ヵ月間についてすべて月二〇日以上出勤し、そのうちの七ヵ月はなんと二四日以上出勤していた。

どうしてこんなひどい目に合いながら、パートタイマーだからといって我慢して働きつづけなければならないのか。「自分はどう考えても正社員なのではないのか」。後に坂さんはそう結論を出し、銀行に対して何度も正社員化を要求することになる。

思いがけない「救いの手」

一方で、坂さんは内心、名古屋銀行で勤務を続けることをあきらめかけてもいた。銀行の対応はたしかにひどいが、こんな身体になった以上、仕事は辞めなければならなくなるのではないかと感じていた。だが、ある日、子どもが通う保育園の父母会会長と立ち話をして、事態が急変することになる。

「坂さん、お久しぶり。銀行のお勤めはどうですか？　忙しい？」

「実は、働き過ぎて身体を壊したんです。もう辞めようかと思っているところです。」

「えっ、坂さんは一生懸命働いてきたじゃないですか。それは、銀行がひどいんだよ。銀行に責任を取ってもらわなきゃ。悪いことは言わないからこれから一緒についてきて。」
「いったい、どこへ行くんですか?」
「いいところへ連れて行ってあげる。そんなのすぐ解決するよ。」

父母会長に連れられていったのは、名古屋市内にある安藤巌衆議院議員（共産党）の事務所だった。そこで安藤議員の秘書たちを紹介され、さっそく事情を聞かれた。ありのままを話したところ、「もっとくわしく知りたい。」ということになった。家族以外の誰にも話したことのない内容を親身になって聞いてもらい、坂さんはこれまでに起きたことをすべて話し、少しだけ安堵を覚えた。

だが、話を聞かれただけでは終わらなかった。そのヒアリング結果をもって、安藤議員秘書の手によって労働災害の意見書が作成され、労働基準監督署に対する申請をすすめられたのだ。法律に従っているだけで別に悪い話ではないと考えて、「やってみようか。」という気になった。そしてさっそく労災申請の手続きを行なった。

ところが、この行動を銀行側が知ると素早く上司や支店長が繰り返し電話で労災申請を取り下げるよう求めてきた。それを拒むと、今度は銀行側から入れかわり立ちかわり自宅にまで押しかけて要求を繰り返す。

その内容も信じられないものであり、坂さんは唖然とした。「もう雇用契約が切れたのだから退職してもらいたい。」「診断した病院を変えてほしい。」「退職したらご主人の健康保険の本人負担分は銀行が支払う。」「労災申請なんかしたら、あなたはもう他にも仕事はできなくなる」。つまり、「退職強要」と「労災隠し」のセットで攻めたてる。

坂さんは耐えた。銀行はいくら奔走しても効果がないと判断すると、今度は坂さんだけでなく、家族も巻き込んでの脅しや嫌がらせ、中傷を始めた。

協力者たちに頼まれてとりはじめた日刊紙の「赤旗」もしっかりと材料にされた。保守的な農村であった近隣中に「あそこの嫁はこわい共産党員。」との噂がみるみるうちに広まっていく。「あの家の娘とつき合ったらだめ。」「あそこの娘は将来どこにも就職できない。」と坂さんの小学生の子どもまで標的にする始末だ。きわめつけは、坂さんの夫の会社にまで手を回したことだ。運送会社に勤務していた夫の周辺で、「あの人は共産党の活動家。」との中傷があちこちで聞かれるようになった。銀行側が撒き散らした卑劣な嘘だった。

自分だけでなく家族や知人にも迷惑が及ぶことを体験した坂さんは、一時は労災申請を中止しようという気持ちになった。だが、何度も思い直し、銀行の陰険な対応ぶりに対して、再び強く決心を固めた。

協力者たちの反応も早かった。「坂さんの労災認定を支援する会」が編成され、その応援団の手の中には、すでに作成されたビラがあった。坂さんが手にとると、タイトルと本文の書き出しが、目に飛び込んできた。

「名古屋相互銀行豊明支店でパートの婦人を使い捨て！　けい肩腕障害になったらポイッ」

豊明団地と周辺の皆さん……みなさんがよく利用されている名古屋相互銀行豊明支店で二年近く働いてきたパートの主婦が、過重なキーパンチ作業のため、けい肩腕障害という職業病になってしまいました。ところが銀行は職業病を認めず……

銀行を所轄する名古屋東労働基準監督署長あての要請書も用意された。そこには坂さんのけい肩腕障害が、パートタイマーなのに残業が多く休憩もない「労働基準法」を無視した長時間の過酷な作業の繰り返しによる業務上の災害であることが明記されていた。あわせて、坂さんが労災申請をしたことを記し、一日も早く認定するよう求める文章と署名欄が設けられた。

夜になると、協力者たちとたたかうための作戦を練った。坂さんは、自分を守るために、企業に対して逃げずにたたかうということを具体的に知った。実は胸中は悩みと不安ばかりであったが、一すじの希望の光をみた気がした。

ついに勝ち取ったパート初の労災認定

豊明団地や銀行本支店では、連日、団地主婦二〇人以上が集まる「坂さんの労災認定を支援する会」と坂さん本人がビラを配布し、署名活動を続けた。労災の申請を行なった労働基準監督署には、集まった二二四五人もの署名とともに、銀行が「労働基準法」を守るよう要求した。

一九八一年一二月、坂さんは労働基準監督署から呼びだしの通知を受け取った。出向いてみると、監督署長から労災が認定されたことを伝えられた。そして、名古屋銀行へ労働基準監督署の指導が入った。

労働基準監督署が名古屋銀行のパートタイマーの労働条件に対して是正勧告を出したのは五項目である。第一に、時給五〇〇円であった賃金は時給六〇〇円とする。第二に、それまで支給されなかった残業割増は法定どおり二割五分の割増とする。第三に、付与されてこなかった年休については、年休制度を整備して導入する。第四に、オペレーターに対して作業六〇分につき一〇分から一五分の休憩を設ける。第五に、就業規則を改定してパートタイマーの労働条件を明示する。現在ではすべて常識のようにみえるものの、当時は決してそうではない。「パートタイム労働法」が制定される前のパートタイマーの管理がいかにずさんなものかを物語る勧告といえる。

金融機関の労災認定も、パートタイマーの申請や認定もきわめて珍しい。これらが重なった坂さんの労災認定は、愛知県初の記録となった。だが、県内で、いや全国で、仕事によってけい肩腕障害を患ったパートタイマーは坂さん一人であったはずがない。企業によって労災を申請することが封じられたパートタイマーが多数いることを坂さんは感じとっていた。

画期的な労災認定の報道が全国を駆け巡った。全国紙やテレビ局が大きく報じた。報道記者たちから相次いで取材を受けたが、どのメディアに対しても、自分の名前も名古屋銀行も含め事実を公表した。主婦パートに対して企業が何をしているのかを明らかにした。

また、支援を受けた協力者とともに、労災認定の祝賀会を開催した。それはもちろん、銀行に対する是正勧告の祝勝会であった。坂さんは自分を救ってくれた人々全員に感謝の気持ちを伝えるため、お礼のあいさつに走り回っていた。

銀行の目論見をかいくぐり、粘り勝った。遠い道のりだったが、坂さんはそれを素直に喜んだ。同時に、企業が主婦パートをどのように扱うのかをはっきりと知り、不安な気持ちにもなった。だが、じっとそれに甘んじているわけにもいかない。

いま筆者の手には、その際に配布した、協力者にあてた直筆のお礼の手紙の写しがある。この手紙の内容の一部は、当時の抑えようのない気持ちを如実に物語る。

これから私の人生観が変わりそうです。あまりに無知すぎたので、これからいろんなところに首をつっこんで勉強していくつもりです。

わが国では稀有な存在である「たたかう主婦パート」が誕生した瞬間であった。

職場復帰の誤算

その後、労災保険の補償を受けながら治療を続けていた坂さんは、やがて何度も名古屋銀行へ復職を申し出るようになった。だが、銀行側は応じようとしない。完全に治癒しないと雇えない、との回答を繰り返すばかりだった。

ようやく職場復帰できたのは、一九九二年九月、四〇歳の時である。ただし、坂さんの要求を銀行が認めたからではなく、当時の労働省が労災補償の政策を展開したいわゆる「五九三号通達」を受け入れたからだ。この通達は、労災患者に対するリハビリテーションの手法として、労災時の職場に復帰させ、就労を通した計画的、段階的な訓練で治癒をめざすもので、要するにリハビリ勤務である。訓練とはいっても、休職ではなく雇用であり、まぎれもなく職場復帰である。労働基準監督署はこの通達に従い、銀行に対して坂さんを職場に戻すよう指導した。

銀行の指示で戻された職場は、豊明支店ではなく本店の事務管理部であり、一日二時間の勤務から始めた。事務管理部は支店で行なう事務の司令塔のような部署で、本店で決めた事務処理のルールを支店に流すとともに、支店からの事務報告を集めて対処する。また支店ではなく本店で一括して行なう作業を処理する。

では、その事務管理部での仕事内容はというと、何もない。銀行側は、数分で終わる簡単な仕事だけを与え、ほとんど仕事がない状態を巧妙に作り上げていた。「指示を待ちなさい。」と言われ、何もないまま座っているだけ、という日々が続く。
それよりも大きなショックを受けたのは、同僚のはずの部内の人々が誰一人として挨拶もしないし、出張土産のお菓子でさえ素通りするようになったことだ。自分の立場に衝撃を受けたのはもちろんだが、あわせて子どもじみた同僚たちの姿に暗い気持ちにさせられた。銀行員といえば、世間では曲がりなりにも花形の職業として通用していた時代である。

銀行は坂さんを支店の時とは違う仕事に移し、実際には仕事を取り上げることで、数ヵ月で退職するものと予測していたようだ。というのは、雇用契約を豊明支店の時のように六ヵ月契約ではなく、一ヵ月契約へと変えたからである。

銀行の本店で職場ぐるみで行なわれていた、仕事の取り上げと無視といういじめに直面した坂さんは、それでも負けない。座っていてもしょうがない、と「何か仕事はないんですか。」と聞いて回る毎日が続いた。しかし誰からも返事はない。同僚がコピー機の前で困っている。分厚い書類をうまくコピーできないようだ。坂さんが「押さえつけておきましょうか。」と申し出ても、まったく無視だ。そのくせ、男性トイレの水が詰まったと、誰かが無理やりねじ込んだトイレットペーパーの芯を便器の中に手を突っ込んで取り除いて掃除させられたりする。

近年、メンタルヘルスが原因で休職する労働者が急増中であるが、リハビリ勤務では円滑な職場復帰にならず、復帰者を疎ましく思う悪意によるいじめや嫌がらせが横行している。これは決して新しい現象ではない。坂さんが身をもって二〇年前に経験したことであり、脈々と続く悪意は何一つ変わってはいない。しかも、主婦パートは正社員が経験する以上の悪意にさらされる。

ある日、無理をしていた坂さんを再び病魔が襲う。坂さんの態度にいらいらした同僚の一人が、珍しく本店から支店へ送る書類作成の指示を出し、受け取るやいなや、その書類の束を「バカヤロー！」と投げつけてきたのだ。その直後、坂さんは体調の異変を感じた自分に驚く。身体全体がかゆくなってきた。あわててトイレに駆け込み鏡で確認してみると、皮膚のいたるところに異物がでている。そのうち気分も悪くなり座っていられず、急いで早退し病院に直行した。診断結果は、「心因性の急性じんましん」。何事もないかのように振る舞い、心身に無理を強いてきた結果だった。

労働組合の仲間と出会う

職場ぐるみの酷いいじめが続くなか、逃げもせず勤務を無理に続けていた坂さんだが、その背景には、もちろん、労災闘争に勝ち抜いた自信があった。だがそれだけではない。

職場復帰後、坂さんは一ヵ月間の雇用契約へ変更されていたが、契約更改時に「もう更新しない。」「契約終了書に押印しろ。」と言われて当惑していた。別の更改時には、次回契約はしません、とあらかじめ雇用契約書に記入されていたこともある。だが、坂さんはもうたじろぐことはない。銀行の考え方と行動は体験済みであり身に染みていた。だから冷静に知人に相談し、解決した。

その知人とは、けい肩腕障害の治療で知り得た患者会のメンバーであり、同じ職業病を治しながら職場情報の交換をしてきた東海銀行で働く女性だった。坂さんは加入をすすめられた全国銀行産業労働組合（銀産労、現金融ユニオン）の存在を知ることになる。そして、銀産労は正社員だけではなくパートタイマーも加入できると聞いた。

結局、坂さんは一九九三年四月に銀産労に加入して、団体交渉によって契約更新問題などへ次々と取り組んだ。名古屋銀行の従業員が銀産労へ加入するのは坂さんが初めてであった。だが、この組合加入が銀行の執拗な嫌がらせを強化させた。

そんななかで「心因性の急性じんましん」が坂さんを襲った。顔面は怪談の「お岩さん」のようにはれ上がり、人前に出る時には、サングラスとマスクを装着しなければならない。たたかう気が消えたわけではないが、大きな倦怠感がのしかかり、どうしても身体がついてこない。

だが、休業して三ヵ月経過し病状が快方に向かい、いよいよ職場復帰を判断する日が来た。「もう限界だ。こんな目にあう職場はいやだ。」すぐにでも銀行を辞めたいと思ったのは、銀行が労災の申請を取り下げさせようと自宅へ押しかけ、誹謗中傷をまき散らされた時以来、今回で二度目だ。

しかし、組合員として加入した銀産労の仲間たちが励ます。「何かあったらすぐ連絡してほしい。何があっても坂さんを絶対に守る。」「いまそういうふうに逃げたら、今後どこへ行っても困難とぶつかって逃げる人になるよ。それでいいの？」

他の銀行に勤める女性組合員の言葉が胸に刺さった。「そのとおりだ。逃げたらだめだ。」主婦パートが「泣き寝入り」をやめた瞬間だった。一九九三年一〇月、歯を食いしばって堪えて、職場に戻った。大きな声であいさつをし、仕事をさせてほしいと言って回った。コピー取りなど、少しずつ仕事が回ってきた。銀行に入る前に、毎朝「よし、命までとられるわけではないぞ。大丈夫だぞ。」と言い聞かせて仕事につく坂さんに、「隠れファン」ができた。ある男性行員がささやいた。「もうすぐ、部長は日銀から来る人に交代するよ。もう少しの辛抱だよ。」嫌がらせやいじめがなくなったわけではないが、徐々に影をひそめていく。

選び取った女性ユニオン

坂さんは、ひたすら我慢していただけではなく、銀産労の活動を続けた。名古屋銀行本店には一〇〇人以上のパートタイマーが勤務していた。まずは、パートタイマーに対するアンケートを実施した。地下二階にあった女性用更衣室に陣取り、パートタイマーだとわかるとアンケート票を渡し、そして回収した。たった一六人分のデータだが、時給など労働条件や更衣室など労働環境に対する不満や要望が集まった。それらを団体交渉で銀行側にぶつけた。

坂さんの動きをみて銀産労に加入したいというパートタイマーも現れた。例のアンケートの回答者の一人だった。「何度も契約しているのに、なぜか今回は契約更改されなかった。何も悪いことをしていないのに納得できない。クビになったなんて家族に言えないよ。」

差し迫った事態を知り、坂さんの闘争心に火がついた。さっそく翌日に団体交渉の申し入れ、夜遅く名古屋銀行の今池支店で雇止めの撤回を求めた。東海銀行や静岡銀行の名古屋市内にある支店に勤める銀産労の仲間が続々と集まってきた。銀行側は、「いったん雇止めと決定した人をもとに戻せない。」と繰り返すばかりで、名古屋市営地下鉄の終電時間の寸前を迎えて第一回の団交を打ち切った。

仲間たちと編成した街頭宣伝活動も開始した。朝の通勤時間帯に、名古屋銀行本店前でビラを手渡し、「契約更新しろーっ。」「職場に戻せーっ。」と拡声器で要求する。坂さんももちろんそのマイクを握り、大声を張り上げる。その声を聞いた当人の主婦パートは「目が点」になった。たたかえない主婦パートが、たたかう主婦パートと遭遇したのだ。

結局、二ヵ月間の団交と街宣活動の末、銀行はこの主婦パートをもとの職場の本店ではなく別の支店で雇用するとの回答を出して終結した。この解雇撤回劇を目の当たりにしたパートタイマーたちが、坂さんに様々な要求をもってくるようになり、パートタイマーの労働条件や就労環境を徐々に改善した。

その間も次々に団交案件が相次いだ。本店で小切手の作成を担当させていた難聴の障害者の女性嘱託社員に対して退職勧奨を続けていることを知った坂さんらは、再び団交に持ち込んだ。当時、名古屋銀行は、小切手業務を社外委託する計画があり、この嘱託社員を退職させるつもりだった。地下二階の窓もない暗がりの部屋で小切手を作成しつづけてきたこの女性と坂さんはときどき昼食を共にする仲だった。

銀行側は「あなたのために言っておくが坂さんとつき合わないほうがいいよ。」「もう手が痛いでしょう。辞めたほうがいいよ。」と思いやりを装った助言をしていた。だが、この女性は銀産労に加入し、坂さんらは団交を通じて退職勧奨を中止させた。

名古屋銀行の女性パートだけの銀産労組合員は四人に増えたが、五人目は岐阜県の高山支店への不当配転で裁判闘争をしていた男性正社員だった。加入してきた男性正社員に対して、解雇から守るために従業員労働組合の脱退届の提出と銀産労の加入届の提出を同時に行なった。従業員組合は男性正社員を除名処分にした。

名古屋銀行内で組合活動を続ける坂さんを、銀行外の組合活動へと誘う転機が訪れた。一九九六年五月、本店主婦パートの解雇撤回闘争の時期に、名古屋勤労婦人センターで開催された「コミュニティ・ユニオン全国ネットワーク」の集会だ。

こうして後にともに活動する全国の仲間たちと出会った。そのうちの一人に名古屋で個人加盟ユニオンの活動を本格的に始めようという意欲に燃える女性がいた。「名古屋には地域労組がない。」「正社員ではない人々のための新しい労組が必要だ。」集会で知りえた坂さんを強引に誘い、ついに一九九九年に「名古屋ふれあいユニオン」が立ち上がった。銀産労の組合員と名古屋ふれあいユニオンの執行委員の掛け持ちが始まった。だが、結局は、名古屋ふれあいユニオン一本で行くことにした。

名古屋ふれあいユニオンを立ち上げてから、坂さんの活動や交流は全国規模になり、やがて世界規模になっていく。そして、女性運動家たちと東京で女性のためのユニオンの構想について語り合った。その構想が実現するのにそれほど時間はかからなかった。たとえば、屋嘉比ふみ子さんは京都や大阪、伊藤みどりさんは東京、というようにすでに運動基盤があった。名古屋はやはり坂さんしかいない、ということになった。

二〇〇七年一月、労組、市民団体、学会などの呼びかけで「働く女性の全国センター」が会員数約二五〇人で発足し、目標は三年間で一万人とされた。その東海地方の受け皿として女性ユニオン名古屋が結成された。坂さんが、それまで重ねてきた経験をふまえて選び取ったのは、働く女性のために専念できる女性ユニオンだった。

求め続けた正社員

筆者は、二〇一三年夏、取材内容や閲覧資料の確認のため、坂さん宅に宿泊した。その際、ご夫婦から田畑や養鶏場、産品販売所などを案内され、農作業に関する説明を受ける機会を得た。坂さんは平日に名古屋銀行で主婦パートをしながら、夜間や週末は夫と二人で農業を続けてきたのだった。その労働観の下敷きには、農業の視点がありそうだ。

農業では正規も非正規もない。そこには、作業内容や段取りの違いはあっても、厳しい日差しのもとでともに汗を流す姿がある。だが、雇用労働者になると様変わりする。正社員とパートタイマーが同じ職場で同じ作業をしているのに、両者には身分の違いがある。「よく見ると仕事の内容が違う。」と必ず企業はいうのだが、非正規労働に対する後付けの言い訳のような説明はまったく的を射ていない。坂さんは農業経験からそれを肌で感じていたのではないのか。筆者は炎天下のご自宅の裏庭で風呂を炊くための薪を割りながら、そう考えていた。

「正社員とパートタイマーは違う労働者」。職場で言い古され、日本人を納得させてきたこの言葉に坂さんが惑わされることはない。正視すればするほど差異はないと確信し、自分は正社員になれるはず、との思いに至る。この直感は間違っていない。「仕事は同じなのに、どうしてこんなに待遇が違うのか」と、いまや非正規の不満が日本列島を包みこんでいるのだから。

名古屋銀行に対して、自らの正社員化を要求したのは一九九八年であり、名古屋ふれあいユニオン立ち上げの二ヵ月前のことだった。銀産労の組合運動の一環として、当時進行中の「パートタイム労働法」の見直しや、後の「パートタイム労働指針」の改正を見越した活動だった。正社員より労働時間が短いだけで勤続二〇年に達し、どう考えても正社員が担当する仕事をこなしてきた。

しかも、銀行の過酷な扱いによって、けい肩腕障害を発症した。職業病によって、他の企業で正社員になれない責任は名古屋銀行がとるべきではないのか。そこで名古屋銀行に果敢に正社員化要求を突きつけた。だが、銀行側の文書回答はこうだ。

「パートタイマーの坂さんが業務に起因して腱鞘炎になられたことはきわめて遺憾であり、今後とも坂さんの症状ならびに職場環境についてはケアしてまいりますが、正社員に登用する等、身分変更を伴う処遇をいたすつもりはありません。」

身分が違うことを強調し、その身分の変更をするほどの必要なし、と片づけ、労災を発生させた企業の責任は、「きわめて遺憾」でおしまいだ。しかもやはりパートタイマーは「身分」だと認めている。日本のパートタイマーがこれほど均等待遇から遠くに置かれているのか、と落胆する内容だ。坂さんの落胆からおよそ二〇年。日本は、少しでも均等待遇の実現に近づいたのだろうか。

後に多くのメディアが注目した、女性ユニオンの団交を皮切りにした一連の本格的な正社員化要求について描くことになる。だが、それ以前の銀産労組合員の頃から正社員化の夢を追っていたのである。

「休眠口座」と「現金輸送車」

パートタイマーの基幹化は突き詰めると「正社員化」の別名だ。正社員の仕事は基幹的な仕事で、パートタイマーの仕事は周辺的な仕事だとすると、パートタイマーが基幹的な仕事をすれば正社員へ近づく。基幹化の最終段階でパートタイマーが正社員と同じ仕事をするなら、文字どおり正社員となる。

だから、パートタイマーが正社員になれるはずだ、と主張するならば、パートタイマーが正社員の基幹的な仕事をしているのを確認できればよい。正社員になることを要求してきた坂さんの場合、実際に多くの基幹的な仕事を担当してきた。数例だけを紹介しよう。

銀行口座の名義人が一万円以上の残高をもち、一〇年以上取引をしていない場合、銀行はその旨の通知ハガキを出す。しかし、銀行が通知を出しても名義人が死亡している場合、転居後宛先人不明である場合など、銀行側の働きかけに反応しないことが多い。そこで念のためもう一度通知を出す。だが、それでも返答がないならばいわゆる「休眠口座」となり、預金等は銀行が受け取る。業界の正式名称は雑益口座という。実はこの休眠口座は非常に多い。

名古屋銀行では休眠口座の事務作業は巨額の出し入れに関わる重要なもので、坂さんが所属する本店事務管理部の二人のベテラン女性正社員がペアで担当していた。二人の主な作業は、この休眠口座の仕事と、新入行員の入社時の業務研修である。新人研修は五月に終了するため、もっぱら休眠口座担当だった。

返送された通知ハガキは、一〇キロ入り段ボール数箱にまとめられ、事務管理部へ届く。まず、すべてのハガキに日付印を打ち受取日を確定し、どの支店の預金者からどの種別の口座のハガキが届いたかを集計する。それを各支店に報告できるようにとりまとめる。

つぎに銀行コンピュータ室から届いたデータを傍らに置き、顧客番号と氏名の確認、普通預金、当座預金、定期預金などの項目別の確認など、データとハガキの内容をすべて照合する。この休眠口座の処理は金融庁の査察と指導が入るため、アリバイづくりといってよい念入りで過密な作業となる。

だが、支店業務が複雑になるにつれて研修を厚くしたため、二人のトレーナーがともに本店にいない日が増え、休眠口座作業に支障をきたしはじめた。そこで白羽の矢が立ったのが坂さんだった。

銀行はあれほど露骨に排除しようとしてきたのに、今度はその仕事能力に頼り切るようになっていた。「パートタイマーだからできないなんて時代じゃない。やれる人には何でもやってもらう。」正社員の仕事をパートタイマーに担当させる基幹化の典型的な風景である。

また、坂さんは、驚くべき仕事にまでかり出された。現金輸送車のスケジュール管理の仕事だ。いまやコンビニエンスストアでＡＴＭが利用できるが、当時は銀行所有のＡＴＭが県内に点在していて、保安体制も充実しているとはいえなかった。

そこで男性の係長とペアを組み、現金輸送車の移動ルートを勘案し、何月何日の何時何分にどのＡＴＭで現金を出し入れするかを調整して決定する。保安上、輸送車のルートも、現金補充も常に不規則とする必要があり、また数分の間違いも許されない。決定した部分ごとに坂さんが入力し、入力結果をまた二人で確認して最終決定とする。

こんな重要なスケジュール管理は、どうみても時給八〇〇円の主婦パートの仕事ではない。この係長はいくらもらっているのか。その差はいったいどこから発生しているのか。坂さんは作業のたびに腹立たしくなった。

しかし、基幹化した主婦パートに頼り切ろうとする銀行は、次々に「正社員仕事」を押し付けてくる。たとえば、ブラックリスト入りのカードや残高がゼロのカードなど不正カードの取り扱いや、ＡＴＭに内蔵されたデータに関する事後対応などだ。

このような信用が問われたり、企業間取引をともなう仕事はもともと正社員が担当してきたが、みな途中で坂さんと交代した。他にもあるがこれくらいにしておこう。

主婦パートの「トリセツ」

名古屋銀行は、毎秋、人事部長名で「パートタイマーの年収管理について」なる通達文書を各支店長に発信している。

当行において、パートタイマーの年収は、配偶者の扶養控除範囲内で住民税のかからない一〇〇万円内の契約が基本です。年末を迎え、パートタイマーの年収がオーバーしないように、年収管理の徹底をお願いします。

こうした文章で始まる通達では、パート給料の一覧と累計額の確認方法が記され、あわせて有給休暇取得状況の確認も促している。各年の一一月までの給与累積のペースを見守り、計画的に有休を取得させておかなければ、繁忙期の職場から主婦パートたちが姿を消してしまう。さらに賞与の支給分も忘れないよう注意する念の入れようだ。

このように、銀行側は、主婦パートたちの税金がかからないよう、また社会保険料が発生しないように、細心の注意を払っている。それを怠れば、事務コストや人件費が増える。自由がきく働き方といわれる主婦パートだが、実際には作り込まれた働き方であることが改めてわかる。

この文書は、いわば主婦パートの「取扱説明書」の一頁である。ただし、支店長だけとはいえ目に見える説明書である点は異例である。本当は、つぎのような見えない主婦パートの「トリセツ」がある。

主婦パートの年収は税や社会保険の制度によって年収が抑制されている。それはずっと会社で働くのではなく、自宅で家事や育児をする主婦でもあるからだ。部分的に会社に来る不熟練労働者だから、それほど高い賃金でなくてもよい。また、高い賃金を払ったら年収の上限を超えてしまうので、主婦扱いができない。だから、主婦パートならばあくまでも低い賃金となる。しかし、低い賃金でも、熟練労働者に育てるメリットは大きい。生産性が高く賃金が低いほど割安になる。割引された金額はそのまま企業のものになる、と。

はたして坂さんは主婦パートのトリセツどおりなのか。まず、賃金についてはそのとおりである。坂さんのような基幹化したパートタイマーならば、賃金が低いほど割安である。

坂さんが採用された一九七九年の時給は五〇〇円で、労災闘争後に労働基準監督署の指導により六〇〇円となった。当時の賞与は一ヵ月分が支給され約六万八〇〇〇円だ。だが、職場復帰してから賞与は激減した。

振り返ってみれば、二九年間での時給は四〇〇円アップ、賞与は減少だ。勤続二九年時点の時給は九〇〇円、賞与は一万八〇〇〇円、月収は八万円強、年収は一〇〇万円強にとどまる。その時給アップも実質的には坂さんらの要求と交渉によるものである。銀産労の団体交渉で七五〇円、八〇〇円、八五〇円、八七〇円とアップをとり、女性ユニオン名古屋の団体交渉で一〇年ぶりに三〇円アップして、ようやく時給九〇〇円に乗せた。

一方、同じく勤続二九年時点の比較では、同じ年齢、同じ高卒の男性正社員の賃金は、月収約五七万円、賞与は約九〇万円と絶大な格差がある。この期間で坂さんの基幹化は飛躍的に達成されたが、賃金は、ほとんど上昇していない。その意味で坂さんは、トリセツどおりの、紛れもない主婦パートといえる。

しかし、トリセツどおりでない点もある。それは坂さんが社会保険料を支払っていたことだ。当初は銀行の指示で厚生年金へ加入したが、以後も主婦パートが必ず選ぶ国民年金第三号被保険者の選択肢を蹴った。「自ら年金保険に加入するのは労働者の証明だ。」「経済的にも精神的にも自立したい。」「税金や社会保険料を支払う一人前の市民でありたい。」こう自分に言い聞かせた。社会保険料は年間約一四万円の負担となり、手取り収入はさらに少なくなった。

年金支給額の比較をしてみれば、第三号に比べて収支が悪い。つまり、労働者として年金に入る当然の権利が奪われるような制度のもとで働かされている。主婦パートのこうした矛盾を、坂さんは実体験を通して証明したことになる。

女性の活躍を経済成長につなげることを掲げる安倍政権が大きな失策を続けている。みえない説明書が、坂さんだけでなく八〇〇万人の主婦パートを押さえつけるのを放置しているからだ。このトリセツを破り捨てない限り、女性の活躍など語れない。

女性パワー全開で始まった団交

二〇〇七年、「パートタイム労働法」の改正が急ピッチで進められていた。坂さんは、この動きをみて好機だと判断し、正面突破へと舵を切った。正社員化は長年の夢であり、主に個人で要求してきた。また時に銀産労の団体交渉も使ったが、パートタイマーに関する要求ではどうも押しが弱くなり、なかなかうまく挑めなかった。だが、改正パートタイム労働法案では、正社員と差別してはならないパートタイマーの要件が盛り込まれている。無期雇用もしくはそうみなしうる長期の反復更新による雇用、正社員と同一の内容と責任の職務、配置転換や転勤など正社員と同様の人材育成、のいわゆる「三要件」である。

これらの三要件が揃えば、パートタイマーが正社員と同じとみなされ、その待遇も同じ水準へ引き上げられる。呼称はともかく、正社員になれるのだ。そして、どう考えても坂さんは三要件に該当する。「正社員になるチャンスだ。」坂さんは、女性ユニオン名古屋で団体交渉を要求し、銀行側がごまかしたり逃げたら、不当労働行為になる形にして、正社員化を勝ち取ることを決意した。

坂さん自身は、三要件という高いハードルがあっても、実態からすれば難なくクリアできると自認していた。だが、これまでの銀行の対応から判断する限り、法律の成立を受けて、すんなり正社員と認めるとは思えなかった。積極的に確認させ、正社員化を促すしかない。こうして、団交の申し入れや要求書の作成をこなし、計四回の団交へ突き進んだ。

働く女性の全国センターと女性ユニオン名古屋の連記による団交要求書に銀行が対応せざるをえなくなった第一回の団交は、二〇〇七年六月一五日、一九時から三時間を超えるものとなった。主要な要求は、もちろん、銀行に対して、三要件を満たした坂さんが三要件を満たし、正社員と同じとみなされるパートタイマーとして、差別禁止対象であることを確認させることだった。

団交には女性ユニオン名古屋の面々だけでなく、坂さんを応援しようと全国から続々と総勢一六人もの女性運動家が集まり、最初から銀行側の度肝を抜いた。そして一騎当千の女性たちの活発な意見や質問が、容赦なく浴びせられた。銀行側は、普段から従業員労働組合とのぬるま湯に浸かった労使交渉に慣れきった人事部の代表五人である。動静を織り交ぜた強力な女性パワーに初めてさらされて身をすくめた。

銀行の抵抗で「三要件」揃わず

「坂さんを正社員にするかしないのか。」そう問い詰める女性たちに、第一回団交での銀行側の第一声は、「回答できません。持ち帰ります。」だった。しかし、銀行側は、しどろもどろになりながらも、蚊の鳴くような声で驚くべきことを口にし始めた。また「奥の手」も用意していた。銀行側はそれらを盾に、以後の団交（第二回六月二七日、第三回七月二五日、第四回一一月一二日）で、いくら押されても決してガードを下げず、後々まで坂さんを苦しめることになる。

まず、銀行側は正社員と同視すべきと判断できるはずだった三要件について、今後調査するとしつつ、認めようとしなかった。ただし、さすがに第一の要件、雇用期間については認めざるをえなかった。勤続二七年、毎年契約更新してきたのだ。一方、正社員の平均勤続は一七年で坂さんの勤続を一〇年下回る。これは当然に無期扱いとなった。

しかし、残りの二つの要件を認めようとしない。第二の要件、人材育成に関しては転勤が争点となった。豊明支店から本店へ転勤になった事実がある。会社の命令でそうしたのだ。しかし、銀行側は、支店にせよ本店にせよ雇用契約はそこで結ぶのだから、あくまでも別々の契約であって転勤ではないと主張した。しかし、こんな言い訳は通用しない。

坂さんは、当然、猛然と反論した。自分で豊明支店を退職して、本店に応募したのではないからだ。しかし、銀行側はねばる。坂さんの労災認定、そして休業後に事務作業でリハビリ勤務をしてもらうための「思いやり」によって改めて本店で雇ったとの説明を繰り返す。だから配転ではないというわけだ。

しかし、正社員なら同じ状況でも転勤となる点で矛盾するし、そもそも第一要件で無期扱いとなったのだから、無期契約の労働者が勤務する事業所が変わることを転勤ではないと否定する矛盾もある。最大の矛盾は、それならばどうして「パートタイム労働法」がこの点を盛り込んでいるかだ。銀行の主張どおりなら、最初から要件に値せず、同法はいわば欠陥商品ではないか。

銀行側の命令で転勤した事実を否定し、複数の矛盾を抱えているのを、「思いやり」の一言だけでごまかせるわけがない。しかも、現実には、坂さんを監視できるよう本店に移し、いじめ、嫌がらせを続けた銀行から、「思いやり」という言葉が出てきたことが、団交に参加する女性たちの怒りの火に油を注いだ。

あわせて銀行側は、坂さんと正社員の仕事内容や責任についても、まったく異なっているとして、第三の要件も該当しないと主張した。第一回の団交では、銀行側はあくまでも坂さんは正社員の補助作業をしているだけだ、と決めつけた。このため、仕事内容を検証しようということになった。具体的には坂さんの仕事と正社員の仕事を比較することが確認され団交は打ち切られた。

すると、第二回の団交では、銀行側は坂さんの仕事と、その上司の係長の仕事の内容を記した文書を持ち込んできた。団交ではもっぱらその比較が大きな争点となった。なぜならば、上司係長の仕事内容の欄には、職場で行なうすべての業務が記され、それらを企画立案する仕事と説明された。一方、坂さんの仕事内容の欄には、担当する仕事が記され、しかも補助作業とか、数分でできる仕事とかコメントまでつけてある。

仕事の量も仕事の責任もまったく違うようにみえる。だが、係長が職場のすべての仕事をしているわけでもなく、また坂さんの仕事は記載されているものに限られない。数分で終わるわけもない。かつて係長がやっていた仕事が坂さんや派遣労働者に置き換わっている。それも不透明にされてしまう。

「仕事内容の比較には大きな問題点がある。」団交に参加しつつも、坂さんは「パートタイム労働法」が現実にはいかに無力なのかを痛感した。要するに銀行の考え方に左右されてしまう要件であり、おそらくそれが満たされることはない。

そうだとすれば、仕事内容の比較ではなく、それぞれの職務を徹底して分析するしかない。だが、職務を分析するための正確な情報は企業側だけが握っている。情報を出し渋ったり操作されたら正しく分析できない。また、そんなありがちな企業の行動を律する法的根拠も罰則もない。

「予想していた以上に第三要件の証明はとても悩ましい。」いまひとつ弾まぬ声で第二回の団交で職務評価を提案して対象者へのヒアリングを申し入れながら、第三回以降の団交でどう進めるかと、坂さんの頭に迷いがよぎった。

奥の手「新嘱託制度」

二〇〇七年六月の第一回の団交では、さらに銀行側は「嘱託制度と行員転換制度」の導入について説明しはじめ、坂さんらを驚かせた。この制度については、第二回の団交で銀行側が文書を提出することにはなった。だが、銀行は、女性ユニオン名古屋の団交要求書を受け取ってから団交が始まるまでの期間に、素早く取り繕いに動いた。アリバイ作りのようなパートタイマー向け説明会を開催し、また従業員組合との合意を取り付けていた。説明会で当事者たちに趣旨を伝達し、意見を聴取したとの事実を作り上げ、制度の導入を規定路線に乗せて団交での追及をかわそうというものだ。他方、パートタイマー当人たちが加盟していない正社員組合が、大事なパート待遇について合意した事実も重く、日本の典型的な労使関係の欠陥が鮮明に見える。

この新嘱託制度では、短時間パートとフルタイムパート（一日七時間四五分勤務）の二区分のうち、フルタイムパートを廃止する代わりに、一年契約月給制の嘱託Aと嘱託Bの二つの区分が導入された。

フルタイムパートは、学者が時に皮肉を込めて笑い話とするだけでなく、名古屋銀行では実際に導入されていたのだ。フルタイマーのパートタイマー。こんな珍奇な呼称があるのは、パートタイマーは短時間勤務ではなく身分だと、企業が公表しているようなものだ。一日七時間四五分の勤務時間であり、正社員の始業が八時四五分からなのに対して九時開始、終業は同じく一七時である。それで、残業もあり、賞与を含む年収は約二〇〇万円に抑えられ、正社員のおよそわずか四分の一に過ぎない。一五分の違いと年収の違いが驚くほどかけ離れている。

そして、嘱託Aも嘱託Bもフルタイム（一日八時間勤務）となり、廃止したフルタイムパートの一五分の空白時間を埋めた。「パートタイム労働法」が成立した直後に、パートタイマーではなく、正社員と同じ労働時間の非正規を新設し、「パートタイム労働法」の適用から逃れたいのである。

このようにフルタイムパート運用の時期も含めて、名古屋銀行はこの「一五分のマジック」を使うのに長けている。ほんの一五分で、差別禁止対象から外れたのだから、待遇の格差はそのまま残される。

実際に、銀行側は、嘱託Bの年収は、廃止したフルタイムパートと同水準とする、と説明した。要するに法律の悪用を認めているわけだ。嘱託Bの年収は二〇〇万円程度（月収一五万六〇〇〇円と賞与）、嘱託Aは評価にもとづく号俸により二五〇～二六〇万円程度（月収一六万六〇〇〇～一七万五〇〇〇円と賞与）になるという。

これに対して、銀行側の回答によると、坂さんと同じく二八年勤続の男性正社員が二一人いた。年収一三〇〇～一三五〇万円（以下すべて五〇万円刻み、下限のみ表記する）が一人、一二五〇万円が三人、一二〇〇万円が四人、一一五〇万円が一人、一一〇〇万円が四人、一〇五〇万円が二人、一〇〇〇万円が三人など、数人の例外を除いて年収一〇〇〇円超だった。「パートタイム労働法」の均等待遇対象ならば正社員と同様の年収なのに、対象ではないので年収は従前のままに抑制されている。事実上、同法の抜け道を使う手本のような制度であることがわかる。

さらに、新嘱託制度には、改正「パートタイム労働法」に対応し、施行前に先取りするかのような正社員への転換ルートが備わっている。勤務六ヵ月以上の短時間パートが、勤務状況良好などの要件を満たして面接試験に合格すれば、嘱託Bとなる。そして、嘱託Bとして勤務一年以上で、直近評価や証券外務員Ⅱ種試験合格などの要件を満たして面接と筆記試験に合格すれば、嘱託Aに昇格できる。さらに、嘱託Aとして三年以上勤務で同じく評価要件などを満たして面接と筆記試験に合格で、いよいよ正社員に転換できるというのだ。

あくまでも制度上だがパートタイマーから最短四年で、正社員になれる。しかし実態からみると難関だ。まず、正社員も全員が取得しているわけではない資格を要件とした、ふるい落とす仕掛けがある。また評価要件が曲者で、意図的に昇格や転換を足止めできる。途中で解雇とか、最終試験不合格などというもっと露骨な手もありうる。要するに、制度と運用は別の話、という人事労務管理のイロハを地で行くものなのだ。

もう次回以降の団交で、坂さんを正社員にする個別対応を勝ち取るしかない。こんな言い訳のような制度を銀行が導入するよりはるかに前から、正社員化を要求してきたのだ。どうしても最難関の要件、つまり正社員と同じ職務であることを認めさせる必要がある。そのための残された有力材料は、職務評価しかない。追い込まれた坂さんは、「最後のカード」を手にするための取組みを始めた。

「幻の職務評価」で団体交渉に見切り

団体交渉の場で坂さんは仕事内容の比較ではなく綿密な「職務評価」の実施を提案し、上司への職務ヒアリングを求めた。銀行側は、半信半疑で「職務評価ってどうやってやるのか。参考書があるなら貸してほしい。」とヒアリング要求を拒否し、「やり方さえ教えてくれれば銀行側が行なう。」と譲らない。坂さんは、銀行側に職務評価をさせては危険だと判断した。情報を握っているのは銀行で、「偽装・職務評価」が出現するのは火を見るよりも明らかだからだ。

しかし、肝心の三要件の証明が暗礁に乗りあげているため、職務評価がないと先に進めない。そこで、上司を観察する形で一人、協力を得られる別の男性正社員で一人、坂さん自身、と計三人に対する職務評価を秘密裡に実施することにした。

職務評価では、職務の項目を洗い出し、負担、環境、技能、責任の各要因と、それぞれに含まれる詳細要因ごとに、水準を設定する。つぎに、各詳細要因に点数をつけ、要因小計と総計の得点を算出する。項目も要因も多いため、一つひとつ丁寧に得点を出して積み上げていく。根気のいる作業だが、経験者の協力も得て職務評価の完成に漕ぎつけた。

その結果を総得点でみる限り、坂さんは正社員となんの遜色もない。だが、問題は職務評価の完成度が十分ではないことだ。その最大の理由は、観察だけでは不確かな情報が含まれるからである。ヒアリングでは、保身を考える男性正社員の協力にも限界があった。

だから、職務内容について銀行側と坂さんの主張の差異を縮めることはできても、同一だと証明する根拠としては弱い。あくまでも職務が正社員と同一でなければ困る坂さんは判断を迫られた。「団交の資料としては使用しない。」これが女性ユニオン名古屋の作戦会議を経た最終判断だった。

坂さんの手に残ったのは、日の目をみることのない「幻の職務評価」となった。結局、企業側の熱心な協力がないと職務が検証できない。しかし企業が真面目にそれに取り組むわけもない。義務も罰則もない。

「なんなんだ、この『パートタイム労働法』っていうのは。全然役に立たないではないか。」坂さんは悔しくて何度もつぶやいた。「だめな法律のほうをなんとかしないといけないな。」

そう見抜いた坂さんは、激しく銀行とたたかってきた正社員要求の団交に見切りをつけ、つぎのステージに向かった。

二の矢、三の矢を放つ

坂さんは「パートタイム労働法」の欠陥を是正する本格的なロビー活動の併用へ踏み切った。ただし、従来もロビー活動へ乗り出してはいた。原体験は二一世紀に突入した直後のＩＬＯロビーだ。

日本はＩＬＯ一〇〇号条約（同一価値労働同一賃金）を一九六七年に批准しているものの、男女間の賃金格差はいっこうに改善されない。ぜひとも、一〇〇号条約に則った政策の立案と実行を日本政府に求めたいところだ。ＩＬＯでは、「条約勧告適用専門委員会」が各国の情報を集め、各国へ個別意見を出したり、総会審査に持ち込んで勧告する。

二〇〇二年、ＩＬＯ総会が開催されることを見越して、日本の女性差別の状況を専門委員会へアピールすることで、日本政府に対して改善を促す圧力をかけようとする動きが盛り上がった。二〇〇一年三月、「日本における第一〇〇号条約適用状況に関する報告書」がＩＬＯ東京支局を通じて本部へ提出された。そして二〇〇二年一〇月、日本から「均等アクション」のメンバーの女性運動家たちがＩＬＯ本部で、報告書の内容を補強する口述を行なった。そのなかに堂々と報告する坂さんの姿があった。

……名古屋銀行では別組合との協定で正社員とパートタイマーの相互転換の規定があり、適用事例もあるが、私は正社員要求をして一年以上たつが、採用区分が違う、と、正社員化を認めていない。……

こうして、現地スイスでＩＬＯ側との交流を深め、また名古屋、大阪、福岡などでＩＬＯ幹部を招いた講演会を開催したりと、自らの正社員化要求にとどまらない、均等待遇を求める活動を重ねてきたのだった。

銀行との団交後に、まず、坂さんがターゲットとしたのは、愛知県労働局雇用均等室だった。職務評価を持ち込み、改正「パートタイム労働法」によると正社員に該当するはずだ、と申し入れた。均等室は坂さんの話を聞き、あわせて名古屋銀行へ形式的なヒアリングを実施した。だが銀行に対して「正社員に該当しません。」と告げ、坂さんには「指導できません。」と回答する始末だ。坂さんが反発すると、「労基署ではありません。」と事なかれ主義をのぞかせる。そこで女性ユニオン名古屋は、雇用均等室を経由して、今度は愛知県労働局長へ正式に正社員化に関する紛争の調停を申し込むことを決定した。

だが、調停申請書を作成したところで断念した。雇用均等室へ相談した際の対応がどうしても労働者側に立ったものでないことを察知し、勝算がないと判断したからだ。また、坂さんが委員長をつとめる女性ユニオン名古屋の組合員たちの団交が立て込んでいたことも調停を躊躇させた。さらに、担当医師のミスで坂さん自身の労災が打ち切りとなる事件が発生し、それを覆すための情報開示の申請などの活動に手を取られていた。

「パートタイム労働法」も無力だが、地元の出先機関もあまりにも弱体だ。坂さんは呆れたが、足を止める時間が惜しい。刻一刻と定年が近づいているのである。「もっと効果的にやらねば。」

坂さんは、目が回るような忙しい身で、上京して同時多発的なロビー活動を続けた。ロビー先は、厚労省、院内集会、公私の研究会にとどまらず、山井和則議員（民主党）など複数の国会議員たちにも及んだ。政党に対する公開質問状の提出も多用した。

東京でのロビー活動を活発に続ける坂さんの手には、自らが原案を念入りに作成し、協力者の意見を集めて仕上げた資料があった。この「改正パートタイム労働法の実効性についての質問」には「パートタイム労働法」の規定がいかに労使交渉の現場で役に立たないかをあぶりだす八つの質問が並ぶ。官僚であれ、議員であれ、学者であれ、坂さんと会う者に「パートタイム労働法」の欠点をはっと気づかせてくれる「教材」だ。

「業務内容と責任の程度を立証するのは、企業なのかパート労働者なのかどちらでしょうか。」

口火を切る質問では、自らの労使交渉の体験にもとづいた同法八条（業務の内容と責任の程度が通常の労働者と同じ――現九条）への疑義をはっきりと示す。

職務内容の同一性について、パートタイマーの主張だけで判断しかねる、という考え方が、その判断を企業が行なうことにしてしまう。比較すべき正社員の職務内容に関する詳細な情報を労働者側が持っていないことや、比較対象者がいない状況にしてしまえば、パートタイマーの職務をすべて補助的業務と決めつけることが可能となる。この現実が理解されないで作成された法律なのだ。

他にも、坂さんが実際に体験した、企業の珍奇な言い分を取り上げた質問が並ぶ。たとえば、正社員の転勤は同意を得ることのない人事権の行使であるが、パートタイマーはその地での雇用契約で同意を得ており、その地での採用だから転勤ではない、など。また、正社員が支店に勤務できないから本店へ異動させるのは転勤なのに、坂さんが労災にともなうリハビリ勤務のため本店で採用するのは転勤とは呼ばないなどの言い分だ。

もしこれらの見解が通用するのなら、職務の内容および配置が通常の労働者と同じ範囲で変更される見込みがあるとの、いわゆる人材育成の仕組みを比較基準とするのは、まったく意味がないことになる。

最後の手段「裁判」

さらに、坂さんの掌中には、たたかう主婦パートとしての「最終手段」がしっかり握られていた。「最後の最後は裁判しかない。」「職務評価は団交ではなく、裁判でこそ効力がある。」そんな目論見もあった。ただし、裁判に踏み切る場合、有力な情報は、常に企業側にある。これまでの雇用差別で勝訴したのは原告が豊富な資料をもっている場合だ。あるいは、「丸子警報器事件」のように、原告が集団で複数の立証ができる場合である。法律はたたかう人間にとっての大切な武器であるが、「パートタイム労働法」は一人でたたかう主婦パートにとっては武器にならない。

坂さんは、いつでも裁判を起こすことができるように、準備していた。その機会は二回あった。一度目は銀産労の組合員時代で、銀産労幹部の強力な説得があった。二〇〇一年、弁護士と綿密に打ち合わせ、裁判での争点、請求内容、目標などを確定していた。

銀行側の過失によるけい肩腕障害の発症のみならず、症状の訴えの無視、休業補償手続きの拒否、労災隠し工作、職場復帰後や銀産労加入後の退職勧奨やいじめ、嫌がらせと心因性じんましんの発症などを争点とし、そこに正社員化要求に対する責任逃れのための拒否をしっかり組み込み、慰謝料を請求するはずだった。だが断念した。当時、執拗に繰り返されてきたいじめが、さらにひどくなることを怖れたことが最大の理由だった。

再び裁判の準備に入ったのは、雇用均等室への調停申請と同時期である。地域の友誼組合「愛知連帯ユニオン」の幹部からの助言を女性ユニオン名古屋委員長として受け入れ、翌二〇〇八年中の裁判をめざした。

この計画では、改正「パートタイム労働法」の施行を受けて、坂さんを正社員にしない銀行の過失をはっきり問う内容とした。すなわち、足掛け三〇年以上に及ぶ契約更新による長期に継続した労働契約は、もはや期間の定めのない労働契約に事実上転じているという点で「労働契約法」違反ではないのか。また、その事実上の無期雇用の他に、業務命令による転勤とみなしうる事実があり、職務内容の同一性も認められることから、通常の労働者と見なしうるという点で「パートタイム労働法」違反ではないのか。

なお、この職務内容の同一性の立証で「幻の職務評価」をベースにした資料を投入する。こうして、坂さんへ退職金が支払われる予定ではないことや、正社員との賃金の累積差額が大きいこと、さらにはそれらに慰謝料を加えた請求を行なう算段ができていた。

この裁判は、まず、改正「パートタイム労働法」にもとづき、その実効性を問う最初の裁判となる。また、雇止めの不当性を争うことがほとんどだった有期雇用裁判に対して、無期雇用へ転じないことによる差別を不法行為とする裁判となる。さらに、女性正社員が男性正社員との均等待遇を求める判例がほとんどを占めるなかで、非正規が均等待遇を求めるという非正規化が進む社会に合致した裁判となる。このように、複数の点で意義の大きい裁判となるはずだった。

だが結局、取りやめて涙を飲んだ。もちろん、実行する能力がないわけではない。その理由はずっと坂さんの胸中に仕舞われ、語られることはなかった。

たたかう主婦パートの「現在」

体調が思わしくないこともあって、二〇一一年七月に坂さんは定年までの一年間を残して名古屋銀行を退職し、無理のきく範囲の農作業で連日汗を流している。もちろん、たたかうことから退いたわけではない。たたかう主婦パートとしての充実感、達成感、爽快感、敗北感。胸中にたくさんのことを感じながら、女性ユニオン名古屋の委員長を続け、女性や地域などつぎの活動をねらっている。

坂さんのようにたたかい続けた主婦パートはほとんど存在しない。いよいよ非正規が半数を超える社会がみえてきたが、これからもそうなのだろうか。見通すカギは、坂さんの体験のなかにある。

第一に、たたかうためには経済力が欠かせない。坂さんの場合は、農業収入というもう一つのポケットをもっていた。だが、苦しい家計をなんとか支えるために働く主婦パートはたたかえない。つまり、一番困っている人にたたかう術がないから困るのだ。

第二に、集団的な労使関係に持ち込めるかどうかだ。主婦パート個人がひどい目にあった時、単独で解決しようとしても太刀打ちできない。坂さんのように団体交渉を通じて集団で会社側と対峙することができて、ようやくまともにたたかえる。

第三に、労働者教育の充実である。坂さんが痛感したように、労働法の知識、労使関係の知識、個別紛争処理制度の知識などを自分とは無関係と思い込まず、身を守るためにどうすべきかを早期から学ぶ必要がある。

坂さんは思っている。主婦パートがたたかえないこれらの原因は、みな日本の労働組合運動の欠陥とつながっていると。困っている主婦パートの活動資金が底をついて困窮する組合がある一方で、だぶついた組合財政で組合費の使途に苦慮するぜいたくな組合がある。だが、いくら上部組合があっても、あるいは労働戦線の統一といっても、組合がともにたたかう関係になっていない。たたかう主婦パートのために動いているのは、小規模な個人加盟ユニオンだ。しかしこれらのユニオンの財政は脆弱すぎる。もっと女性を活用したいというのなら国から財政を投入するか、やはり労働組合からというのならナショナルセンターが資金を入れなければだめだ。

しかし、産別組合やナショナルセンターは、個別紛争処理の潮流のなかで、非正規のために集団的な労使交渉の「刀」を抜こうとはしない。せっかくの刀をサビだらけにして弱者を放置している。一方で労働者教育の現状は、一般組合員のみならず労働組合の幹部でさえあやしい。組織化の対象とみていない非正規労働者たちは論外、埒外にされ、職場で身を守る知識など皆無で働いている。こうして、いくら非正規問題の本質が露わにされても、行き場を失ったままである。一九八〇年代のある名著のタイトルは『労働組合は本当に役に立っているのか』（総合労働研究所、一九八八年）だったが、そろそろ『労働組合は本当に生きているのか』なる著作が出版されてもおかしくない。

また、労働組合が弱体化しているなら、もっと労働者の自覚が研ぎ澄まされなければならない。労働法は、そこに法があるから救済されると安堵するのではなく、それを使うことが認められているから使って解決するまでたたかえる、ということだ。最後の選択として、ユニオンに助けを借りにきて救いの手を求める人が後を絶たない。だが、たたかうということは、ユニオンの一員となって自分がたたかうということなのだ。

さらに、学校教育の再考も必要だ。たとえば、高等教育で急速に普及しているキャリア教育には、将来の仕事や働き方の案内だけではなく、労使、労働組合、労働法、女性問題などへ、きちんと目が向くよう誘導する内容が含まれていなければならない。坂さんは、実感している。そのためには、普段から社会、政治、経済など何にでも興味をもち知ろうとする子どもたち、知っていることを遠慮なく意見をいえる子どもたちが、日本にいなければならないと。非正規問題の解決の決め手は、労働者として考えものを言えることであり、それには労働組合と教育しかありえない。

「政治力」も大切

坂さんが非正規の将来について語るとき、労働組合運動の衰退を考慮すれば政治に目を向けざるをえない、と必ず政治力に話がおよぶ。たとえば、周知のとおり、「パートタイム労働法」の差別禁止対象は非常に狭い。しかもその狭い対象者の理論上の対極に、差別してよいと見なされてしまう多数のパートタイマーが置かれている。こうなると、その狭い対象者が確実に差別禁止対象と認められて均等待遇を勝ち取らなければ、圧倒的多数のパートタイマーがますます窮地に陥る。

同法をうまく改正することが、この状況を打破して問題を解決する有力な方法の一つである。ではどうしたら非正規の労働実態に耐える法律にできるのだろうか。坂さんが発見したのは、政治力の獲得であった。

二〇〇九年一月、社民党愛知県連は、衆議院比例区の東海ブロックで坂さんを候補者として擁立することを公表した。二〇〇八年秋に社民党から出馬を打診されていた坂さんだが、いったん躊躇した後に、年が明けてから決心を固めた。

前回二〇〇五年の衆議院選挙で東海ブロックの比例で議席が獲得できなかった社民党は、集票二割増の目標を設定して、比例で最低一議席を取ることをめざした。自民党から民主党への政権交代が見えてきた選挙で社民党の発言力を高めようというわけで、その有力候補が五七歳新人の坂さんだった。

坂さんは、名古屋銀行に申し出た。「今度の衆議院選挙に立候補するんだけど、私はクビかな。それとも休業でいいの。」銀行側の男性は腰を抜かしそうになった。「坂さん、今度は代議士先生になるんですか。」「もちろん休業でＯＫです。」

また、女性ユニオンへは、選挙期間中の委員長の交代を持ちかけた。幸い、快く委員長を引き受けてくれる人が現れた。しかし、女性ユニオン内部でも、坂さんの選挙について注文がついた。普段立候補してはっきりしたのは、組合役員や組合員たちの支持政党がばらばらであることだ。普段は、政治活動をしなければいけない、と盛り上がってきた割には本当に選挙を始めたらこうなるのか、と坂さんは苦笑し、不安も覚えた。

こうして、七月に衆議院解散、八月に公示、投票と進行するわけだが、四月には坂さんの後援会「坂喜代子と格差のない社会をめざす会」が発足し、約七〇人の実戦部隊が揃った。その多くは女性だった。

七月二一日、東海市で開催された社民党主催の「政治を変えるリレートーク」には、福島みずほ社民党党首（当時）や同党市会議員らとともに、坂さんの姿があった。麻生太郎首相（当時）への猛烈な批判と民主党一人勝ちへの危惧に終始した福島氏の話に続いて、坂さんは「主婦パートという非正規経験にもとづいて、国会に打って出て非正規の実態に合った法律を作ることが自分の仕事です。」と力説した。

いよいよ投票日となり、開票が進むうち、坂さんは不安が的中したことを知る。社民党東海ブロックの得票数は、約二七万五〇〇〇票にとどまり、同比例ブロックのもう一人の候補平山良平氏と同じく、坂さんは涙を飲んだ。二〇〇九年、社民党は民主党、国民新党とともに鳩山由紀夫内閣を連立で発足させ、福島氏の大臣就任などで発言力を高めた。だが、坂喜代子議員の誕生は惜しくも見送られた。

やることはやった。正々堂々と職場に戻る決心をした坂さんは、再び名古屋銀行へ電話でたずねた。「落選したので銀行に戻りたいんだけど、私のデスクはまだあるのかな。」「ありますよ。机も、イスも、パソコンもそのままです。」即答だった。

落選したが、余波とはいえこれも政治力なのか、と思うことが増えた。たとえば、出社すると「おはようございます。」と同僚や上司が坂さんにかけるあいさつの声が妙に元気よく丁寧になった。また、パートタイマーの待遇が良くなった。「中日新聞」を読み込む習慣が強い村の人々の様子も変わった。かつては、「あそこの嫁はよそ者、変わり者、共産党。」がキーワードだったのが、「あそこの嫁は女性国会議員候補。」に代わり、よく話しかけられるようになった。

それ以降、これはという意識の高い女性を見つけると、「あなた、いいわよ、立候補しなさいよ。」「やりたいことがあるなら政治よ。」と声をかけ誘うのが習いになった。

坂さんはとうとうと語る。「非正規のことがこんなに問題になっているのに、よりよい労働法、よりましな労働法を作るために、代表の国会議員を出すこともできないのか。」「次世代に向けてたくさんの議員候補をつくること、政治参加ができるようにもっていくことも大切だ。」

たたかう主婦パートはいまも、女性ユニオン名古屋で活動を続ける。

第五章

たたかう主婦パートのリアル～丸子警報器原告団の場合～

「丸子警報器事件」へ立ち帰れ

これまでの各章の内容を理解できたなら、いよいよ丸子警報器事件を読みこむことができる。この裁判のきっかけとなった不当労働行為の申立が一九九三年、その後地裁、高裁とたたかい抜いて、画期的な全面勝利の高裁判決が下されたのが一九九九年だから、もう二〇年近く前の事件となる。もう非正規問題を考える場合に必ずひも解く古典となりつつあるが、内容は現在でもまったく色あせておらず、論点の宝庫となっている。

さっそく、主婦パートが単独ではなく団結して会社と争い、裁判に踏み切って勝利したこのケースを分析しよう。**図表10**（次頁）は事件の主な経過を一覧にしたものである。会社は敗れても敗れてもつぎこそ勝てると判断し続けたのに反して、現実は主婦パートたちの全戦全勝だった。

裁判では原告の主婦パートたちに対して正社員の賃金の八割を支払うよう命じたため、賛否

図表10　丸子警報器事件の主な経過

1989年	12月	丸子警報器労組・JMIU（現JMITU）加盟
1990年	7月	丸子警報器労組・臨時社員の組合員化
1991年	11月	長野県地労委へ不当労働行為申立
1993年	4月	長野県地労委・勝利命令
	5月	会社側・中労委へ不服申立
	10月	長野地裁上田支部へ賃金差別提訴
1996年	3月	長野地裁・勝利判決、会社側・高裁へ控訴
	5月	会社が原告2人を解雇
	8月	地裁・解雇裁判開始
1997年	7月	東京高裁・賃金差別裁判開始
	10月	地裁・解雇裁判勝利判決、会社側・高裁へ控訴
1998年	7月	東京高裁・解雇裁判開始
	11月	東京高裁・賃金差別裁判および解雇裁判結審
1999年	3月	東京高裁・解雇裁判勝利判決
	11月	東京高裁・賃金差別裁判和解勝利解決

両論がわき上がった。このいわゆる「丸警ルール」は、どうして八割なのか、賃金差別を認める材料となりはしないか、などが懸念されたものの、実際には丸子警報器の臨時社員の賃金を大幅に上げた。またこの判決を賃金交渉に生かす労組が相次いだため、広範囲に賃上げ効果が波及することとなった。

その点でパートタイマーの賃金水準の潜在的な指標の一つとされるはずだった。しかし、その影響はすぐにかき消され、正社員と同じ仕事をしているパートタイマーの賃金を正社員の半分以下に抑えつける労務管理が横行している現在、まるではじめから「丸警ルール」などなかったかのようである。

丸子警報器事件は、歴史的な裁判というだけでなく、時を超えてパート労働を深く考えるための糧にできるはずだ。正社員と同じ仕事をしてきた主婦パートたちをとことん苦しめた丸子警報器事件に戻るべきだ。

こう考えて取材の準備に入ったが、すぐに気になる点が浮上した。判決直後から氾濫した裁判の報道や解釈など当時の資料は、事件の記録や描写の域を出ず、くわしくはわからない。とくに気になったのが、つぎの三点だ。

第一に、丸子警報器労組の原告団の内側がわからない。一口に裁判というけれど、主婦パートにとっては非常にハードルが高い行為であることは坂喜代子さんの事例がはっきりと示している。時に原告団長や事務局長の談話があるが、事件そのものは語られても関係者たちの人物や人生の模様は断片的だ。

第二に、意外にも労働組合の存在があいまいである。原告団の強い団結や周囲からの支援は理解できても、争いに至った現場、つまり丸子警報器の労使関係の脈絡は明らかではない。同じ組合員として集団で裁判を選択し毅然とたたかいはじめるまでには、丸子警報器労組の大きな役割と実践の積み上げが貫徹しているはずだ。

第三に原告団や労組役員をはじめとする当事者たちによる再評価が欠落している。この点は当時の資料に求められるものではないが、一定期間を置いた評価がないのは気になる。その後のパート労働の軌跡も視野に入れて、丸子警報器が語る日本の主婦パートの構造を再検証する者はついに現れなかったようだ。

とくにこれらを念頭に置いて取材のために現地に入った。当時の長野県小県郡（ちいさがたぐん）丸子町は現在上田市となっていて、ＮＨＫ大河ドラマ「真田丸」の放映で脚光を浴びている。東京から上田へは新幹線の最短列車で一時間半を切る。上田は名古屋より近いのだ。さっそく何度も丸子町を訪ねたり、泊まり込んだりした。それでは「たたかう主婦パートたち」に焦点を合わせよう。

〝たたかう主婦パート〟は健在なり

裁判当時、丸子警報器には約二〇〇人の従業員が勤務していたが、その後は減少を続けた。二〇一四年末の従業員は約九〇人、丸子警報器労働組合（丸子警報器労組、正式にはＪＭＩＵ（現ＪＭＩＴＵ）丸子警報器支部）の組合員はわずか二二人だ。

原告団だった主婦パートたちは、二八人（荻原よし子さん、滝沢貴美子さん、田村慶子さん、雨宮幸子さん、雨宮ヨシ子さん、新井トヨ子さん、磯きよみさん、今井祝江さん、今井かつ子さん、小田切正美さん、金子とも子さん、清水美智子さん、清水力江さん、滝沢弘子さん、田中鈴江さん、手塚圭美さん、直井和子さん、永井喜ぬ代さん、中村三好さん、中村凌子さん、成沢さき子さん、深井八重子さん、宮坂佐登子さん、柳沢道子さん、山村明子さん、山本きぬ子さん、山本敏子さん、横山民子さん）。

原告団長を務めていた荻原よし子さんを含め、多くの臨時社員が引退した。荻原さんは、小規模農業を続けながら元気に一人暮らしの毎日を楽しんでいる。とはいっても、原告団事務局長だった滝沢貴美子さんと、田村慶子さん、磯きよみさん、山本明子さんら八人が元気に勤務を続けている。たたかう主婦パートたちは健在だ。なお、現在の丸子警報器労組委員長には、正社員の立場から原告団を支援し続けてきた吉池恵子さんが就任中である。

現役組のうち、滝沢さんは七〇歳、長野市篠ノ井の出身だ。県立篠ノ井高校を卒業後、県内で二つの会社に勤務した後、二六歳で結婚退職し、トラック運転手をしていた夫の住む丸子町へ引っ越してきた。丸子町に来てからは、信濃絹糸（現シナノケンシ）で二年間働いたが長女の出産で退職し、その後次女も出産した。次女が三歳になって保育園に入ると時計部品加工の内職を始めた。その内職で知り合った女性から丸子警報器の臨時社員募集のことを聞き、入社を誘われた。次女は小学校二年生となり義母に下校後の世話を任せることにして、丸子警報器に入社してリレーの組立職場で仕事を始めた。三九歳の時だ。

一方、田村さんは地元丸子町の出身の六九歳で、丸子小学校、丸子中学校卒業後、一九六二年に定時制高校に通いながら信濃絹糸で働き始めたが七年後に結婚退職した。職場結婚だった。長女、次女と出産し、社宅に住みながら専業主婦で子育てしていたが、不定期で絶縁体加工の内職もしていた。その内職先から、住居と近接する丸子警報器の臨時社員募集の情報を得て、一九八三年に入社した。配属先は、滝沢さんと同じくリレー組立職場だった。

臨時社員として活躍している滝沢さんと田村さんは、他の臨時社員と同様に、まだまだ丸子警報器で働く気満々だ。自分たちが裁判で争い勝ち取った制度だからだ。丸子警報器では、正社員は六〇歳定年で嘱託社員として延長雇用となり六五歳で雇止めだが、和解解決後は臨時社員の定年が廃止された。臨時社員といっても正社員より優位な条件だ。だから、勤務を続ける原告団八人の年齢は、ほとんど六〇代後半で、これからは七〇代が続出する。「辞めたくなった時が定年ですよ。」と滝沢さんは豪快に笑った。

最年長といえる滝沢さんや田村さんが入社したのは一九八〇年代の前半であり、臨時社員の採用に拍車がかかっていた。そもそも丸子警報器が臨時社員を採用しはじめたのは、原告団長の荻原よし子さんたちが入社した時とみてよい。

その荻原さんは八〇歳を迎えた。千葉県松戸市の出身で、東京都の白川糸業（現シラカワ）に就職していた時に、取引先に勤めていた夫と知り合い一九五五年に結婚した。直後に夫が出身地の丸子町の建設会社へUターン転職したため、夫と両親、小姑と同居することになった。一九五八年に長男、さらに一九六三年に長女が生まれるとその年にテレビアンテナ製造の相愛精機の丸子工場で働きはじめた。

だがこの会社が一九六八年に経営難に陥り倒産してしまったため、急いで再就職先を探した。当時、丸子警報器は臨時社員の募集をしていなかったが、直接押しかけて頼んだところ、運よく採用が決まった。家計が苦しく必死だった相愛精機の五人の主婦パートたちの積極的な行動だった。結局、夫の仕事の都合で一人が見送ることになり、残る四人が揃って入社した。まだ長かったコンベアのラインで組立の補助や清掃など軽作業から始めた荻原さんが見回してみると、臨時社員は管理職の妻とか特別の事情による数人だった。

荻原さんや、一緒に入社して後に原告団の一員となった永井喜ぬ代さんたちが一九六八年に集団で入社して懸命に働いたことで、丸子警報器は近隣の企業に先駆けて主婦パートの有用性に気がついた。丸子警報器が臨時社員の採用を本格的に始めるのは一九七〇年代半ばだが、その草分けは荻原さんたちの働きぶりだった。

採用時期は違うが、荻原さん、滝沢さん、田村さんに共通するのは、「主婦でも働ける。」「ボーナスも出る。」「ずっと働ける。」などの言葉を信じて入社したことだった。だが、職場で気真面目に仕事に取組みはじめた主婦パートたちには大きな困難が待ちかまえていた。たとえば、荻原さんは後につぎのような作文を書いた。この時の気持ちが、主婦パートたちの大きな困難の全体像を的確に言い当てている。

「私は長年臨時のゼッケンを背負って二〇年も勤めています。私たちは長年臨時者として働いてきました。正社員と同じ仕事を精根込めて働いてきました。それにもかかわらず待遇改善をはかろうともせず、仕事は同じでも正社員と臨時者の差別はいつまでたってもなくなりません。

私たち臨時者の低賃金により現在の会社があると思います。臨時者を大切にして待遇改善をお願いします。現在では生活にたくさんのお金がかかります。だから私たちは働いています。同じ仕事をして同じ時間働いてどうして差別するのですか。私たちは世間で言うパートではありません。社長、私たちの仕事の内容がわかっていますか。休むひまもなくロボットのごとく手を動かして働いています。二〇数年会社のために体にむち打ってがんばって来ました。正社員との差別をやめて下さい。」

颯爽と入社してきた男

さて、丸子町入りして関係者と会ううちに、丸子警報器労組には強力な存在感のある一人の男性がいたことを知った。原告団の主婦たちの団結が賞賛されてきただけに、やや意外だった。丸子警報器事件当時も含めて長期にわたり委員長として丸子警報器労組を率いてきた、誰もがリーダーと認める塩之入安男氏である。

会ってみれば、中学、高校とバレーボール部に所属して鍛え上げた長身である。丸子町に隣接する武石村の出身で一九六三年に高校を卒業後、丸子警報器に入社した。当初は公務員志望で上京を考えていたが、農家の長男の立場から考え直して地元にとどまる決心をして、評判がよく初任給も高かった丸子警報器の採用試験を受けた。試験会場には多数の応募者が集まっていて驚いたが、終わってみれば男性五人、女性一五人が採用された狭き門を易々とパスしていた。

採用時の従業員は約一二〇人で、ベルトコンベアの組立ラインは二本だけだった。配置されたのはこの組立ラインで、二〇人ほどの女性労働者がクラクションを組み立てていく背後で検査や調整の業務を担当した。当時はまだ臨時社員はおらず、女性正社員が組み立てていた。

体力と運動神経には絶対の自信があり、持ち前のスポーツマンらしい性格の明るさからすぐに職場になじみ、人望を集めた。また同期では昇進も早く、二〇代の後半ではやくも課長補佐待遇となるなど有望視され快活に働いていた。

しかし、ささいなことから、会社の欠陥を知らされることになる。実は、丸子警報器には一九五〇年代前半から従業員組合があった。入社して五年後にその丸子警報器従組の情宣部長から機関紙への寄稿を頼まれた塩之入さんは、かねてから疑問をもっていたことを率直に書いた。その疑問とは、有休や忌引きなのに休んだ分だけ一時金から差し引く仕組みについてである。日本無線に勤めていた姉にも聞いてみたが、あきれて「それは絶対におかしい。」と忠告されたものだ。

だが、寄稿文「わたしの疑問」を目にした従組役員は、気色ばんで「こんな文章を書かれたら社長に怒られるんだよ。」と原稿を突き返した。そこで激昂した塩之入さんは目の前で原稿を破ってごみ箱に捨てて部屋を飛び出し、もう従組なんかには協力しないと決心した。気がついてみれば、会社の労働条件、職場環境、労使関係は疑問だらけになった。

丸子警報器の社長は、もともと長野トヨタの役員だった。だが、この社長と親戚関係になった当時の専務が新たに社長になると、以後この社長の子息が次々に社長に就任した。改めていえば、丸子警報器とは、自動車メーカーの一次下請け部品メーカーであり、常にトヨタに顔が向いているワンマン社長が率いる同族会社なのだ。

したがって、賃上げも一時金も社長の一存で決まる。賃上げは、春闘の時期をずらして二月と六月の二回に分けていた。たとえば一〇〇〇円上げておいて春闘が終われば追加で恩着せがましく一〇〇〇円上げたりと、場当たりの変則措置の連続だ。一時金も月数方式ではなく総額を社長が通告して終わりである。しかも、支給後には従組役員たちがお礼のあいさつのために社長室を訪れる。従組は会社へ要求を出すわけではなく、団体交渉も開催しない。その活動の中心は、野球部や卓球部などの運動部、茶道や料理などの文化部の管理や、図書購入などであった。組合費は一律月額一四〇円だった。

こうした従組の体たらくぶりに不信を感じて調べてみると、かつて会社に待遇改善の提案をした委員長が社長に睨まれて労働条件を下げられてからは、もう誰も社長に逆らえず、従組役員は一～二年のたらい回しになっていた。

そんな時、入社したばかりの職場で仕事を丁寧に教えてくれた先輩が突然退職することを知った。急いで会って話を聞くと、給料明細を突き付けられた。胃潰瘍で一ヵ月入院したために昇給はなく一時金も少額だったという。「塩之入よ。こんなことされたら生活できないんだよ。この会社ではもう働きたくない。」その先輩は長野計器へ転職していった。

もしやるとしたら、相当腹をくくって対決しなければ活路は見出せないぞ。先輩と別れた塩之入さんは武者震いした。会社もひどいが、こんな無気力な従組ではなんの役にも立たないからだめだ。だが、まだその時は自分が丸子警報器労組の救世主になるとは思ってもいなかった。

「新生」丸子警報器労組が誕生

会社というよりワンマン社長との主従関係がそのまま持ち込まれた丸子警報器従業員組合だが、次第に塩之入さんへ視線が集まるようになった。行動力があるから人望が集まり、しかも青年団の役員をつとめていて、ある意味では地元の有名人だった。塩之入さんのリーダーシップに目を付けたのは出身地の武石村のほうが早く、すでに青年団の団長となっていた。武石村青年団長を皮切りに、広域の小県郡青年団長、さらに長野県全体の連合青年団副団長を兼務していた。

いやがおうでも目立つ塩之入さんを役員にしようと丸子警報器従組の役員たちが動きだした。しかし誰に説得されてもいっさいやらないと、本人が広言していた。この拒絶が利いたのか、従組の定期大会の役員選挙では、毎回塩之入さんをぜひ委員長へという情報が流れても、書記長で次点、副委員長で次点、委員長で次点、となかなか選出までには至らない。会社側も胸をなで下ろした。

しかし、ついに転機が訪れる。長野県連合青年団の活動が忙しくなり有休の取得が重なってくると、丸子警報器の課長や部長が「塩之入君よ、この会社でうまくやるためにはそんなに有休ばかりとるのはまずいぞ。」と忠告してくる。これが鼻についてきた。

また久しぶりに従組大会に出てみると、珍しく「この会社には生理休暇もないのか。ちゃんと交渉しろ。」と息巻くグループが出てきたが、「社長に意見を言う身にもなってみろ。」と役員が回答するのをみて、さすがに不快感がむくむくともたげてきた。

そんななか、青年団の後輩リーダーへの代替わりをそろそろ考えはじめた。また青年団に集中するあまり後回しにしていた結婚のこともあり、一九七二年三月、二七歳で青年団の役職をすべて降りて同年四月に結婚した。

すると、その直後の従組の大会の役員選挙で、さっそく満票をもって委員長に選出された。丸子警報器をよい会社にするには塩之入さんが必要だと、ほとんどの組合員が考えていたことを改めて示す結果だった。

なお、塩之入さん以外に選出された者はすべて独身の若い組合員であり、従組の役員は一気に様変わりした。そのなかには、以後裁判を含むあらゆる活動で強く団結した盟友の内田純一さんや小平昭一さんたちもいた。

塩之入さんは決心を固めて、委員長に就任し、早々に従組から労組への切り替えに着手し、組合員数約二〇〇人の丸子警報器労働組合を新たに発足させた。

ついに始まった労使交渉

それまでの従組では会社の言いなりだったので、労組となって丸子警報器史上初の労使交渉が始まった。労組は、さっそく一九七二年五月に賃上げ、退職金、家族手当、通勤手当、駐車料金、生理休暇など一三項目にわたる春闘要求書を突き付けた。

たとえば、三分の二しか支給されていなかった通勤手当は全額支給へ、一ヵ月三〇〇円の自己負担だった駐車料金は撤廃へ、というようにトゲが刺さったような長年の不利な労働条件の改善を狙った。それだけでなく、生理休暇の導入、育児時間の有休化など従組の役員が二の足を踏んで握りつぶしてきた項目も堂々と要求した。

さらに、特筆すべきは、組合員ではない臨時社員の労働条件の改善および既婚女性に対する賃金差別の廃止を要求したことである。丸子警報器労組には、最初から主婦パートたちの苦しみが見えていた。

これらの要求項目に対して、会社側からは「今後検討させてもらう。」という誠意のない回答がほとんどを占めたため、長年押さえつけられてきた組合員の不満が一気に噴出した。労使双方が感情を高ぶらせて怒気が渦巻き、こじれた労使交渉となった。

たとえば、組合員平均で一万五〇〇〇円の賃上げ要求に対して、会社側は当初一万三〇〇〇円以上と発表した後に、はるかに低額な回答を出してきた。このため、労組は六月一三日に臨時大会を開催し、一万三〇〇〇円未満ならば実力行使に出ることを圧倒的多数で決定した。

具体的には、六月一四日から順次、時間外労働拒否、リボン着用に入り、六月二二日はストライキ決行を背景に団体交渉に臨んだ。だが前進がみられず、六月二五日に総決起集会を開いた後に再度スト権を確立しての団交でようやく八〇〇〇円で妥結にこぎつけた。

発進したばかりの労組にとって未熟な活動による反省点はもちろんあったが、あわせて既得利権を失うことを恐れた会社側の手ごわさを実感した。

こうした交渉とともに、塩之入さんが素早く取り組んだのが、一九五六年制定で一九六〇年に一度改定されていた丸子警報器従組時代の労働協約を変えることだった。はじめてこの協約を開いた塩之入さんは、いくつかの点に目を止めてうなった。

……（第四条）会社は組合が従業員の三分の二以上を占めている場合は、従業員を代表する唯一の交渉団体とする。……（第九条）組合の上部団体への加入は、必ず会社の同意を得るものとする。……（第一〇〇条）労働条件その他の規定の変更を目的とする一切の争議行為を行わない。……（第一〇一条）会社、組合双方に直接関係のない一切の争議行為を行わない。……（第一〇二条）協約に違反して争議行為を行った場合、相手方に対して損害賠償その他一切の権利を行使することができる。……（第一〇三条）この協約に違反して争議行為を行った者に対して会社は懲戒解雇その他懲戒処分に附することができる。……

「従組はこんな協約を結んでいたのか。」まったく組合員の立場に立たない会社側の一方的な要望が盛り込まれており、たしかに眉をひそめたくなる内容だ。急いで近隣の労組を駆けずり回り労働協約や組合規約を借り出して猛勉強し、労働協約の改定要求を次々に出していく。労組への移行によって会社側もこんな常識はずれな協約を守り通せるわけもないと判断したためか、強力に改定作業を迫る労組に押されながらじりじりと改定作業が重ねられた。その結果、従組の組合規約は無残なほど全面的に改定された。

一六日間ストライキを決行

一九七三年秋の第一次石油危機で、日本経済は狂乱物価に見舞われ悪性インフレをともなった不況に陥った。これを受けて一九七四年春闘では、全国の労組が激しい攻勢に出たため、最多最大のストライキによる労働損失日数と大幅賃上げが記録されている。

国民の広い支持を得たため別名「国民春闘」と呼ばれるこのいわゆる「七四春闘」では、丸子警報器労組も果敢にたたかい、労組へ移行以来二年目にして早くも、**図表11**のようにストを打った。しかも、一五回の二四時間ストに三回の半日ストと一回の時限スト（一時間）を加えて合計でおよそ一六日半の争議となり、労組では「一六日スト」と呼ばれる長期ストとなった。

図表11　丸子警報器労組の「16日スト」（1974年）

4月16日	時限スト
18日～20日	半日スト
25日～30日	24時間スト
5月2日	24時間スト
6日～14日	24時間スト
15日	スト解除

丸子警報器労組は、まず前年の春闘の反省をふまえ、七四春闘では、上小（上田市および小県郡）地区の春闘共闘委員会、機械金属共闘会議に参加し、共同歩調をとることにした。地元では一般的な三月上旬要求書提出と三月中旬回答日設定のスケジュールを参考にして、やや遅れるとはいえ、通常よりも早期の三月一四日に賃上げ要求額三万五〇〇〇円

を含む要求書を提出、三月二八日を指定回答日とすることを決定した。

しかし、回答日になると、のらりくらりと会社側は明確な額を示さず、しかも賃上げは四月末、それ以外の要求内容は数ヵ月後という回答だった。それでも、労組は当初団交の開催で円満解決を図る態度を崩さなかった。

だが、いくら団交を重ねても会社の態度は変わらず、それどころか、団交を延期したり一方的に打ち切ったりと、相変わらずのやりたい放題ぶりだ。さすがに労組も対決を決断し、四月一〇日からビラやステッカー貼付をはじめとする抗議行動に入った。

それがきいたのか、四月一五日、やっと有額回答が出されたが肝心の回答が一万九二〇〇円と低額であった。しかも、争議行為中の労組とは絶対に団交しない、という社長見解が伝わり、争議に対する警告書も連発したため、一気に労組は態度を硬化させた。四月一六日に時限スト、それでも進展がないので、半日ストに切り替えた。

ところが、社長が奇妙な自説を通すために、行方をくらましてしまった。なお、この七四春闘に限らず、社長は腹を立てると責任を放り投げ、煙のように消えてしまうのが常とう手段になった。

この常識外れの行動で、労組側は四月二五日から二四時間ストとピケに突入するとともに丸子町内でビラ配布とデモ行進を開始し、会社側は食堂や更衣室のロックアウトや警告書の乱発を行なうなど、異常な事態となった。

その一方で、労組は、ストによる無給状態に対処するためにアルバイト体制を組みながら、春闘共闘委員会と連携し、長野県地方労働委員会へあっせん申請した。ところが会社側は、地元企業の妥結額相場にもとづく自主解決勧告のあっせん案が五月七日に出されても低額回答を変えなかった。また五月一四日の再あっせん案にいたっては、案が出される前に拒否し、その拒否が否定され再度のあっせん案が提示されるなど地労委の憤りまで誘うこととなった。

経営者の資質と態度が信じられないくらいひどい、との風評があっという間に県内に広がっていく。それでも、交渉ができないで終わりのない争議に持ち込まれているのはたしかだ。

このため、労組側はあっせん案を尊重してスト解除を決断し、あわせて春闘共闘委員会に交渉を委任する委任団交へ切り替えて社長をテーブルにつかせることとした。社長はやっと姿をみせたものの、低額回答にこだわり続け、六月に入ってようやく二万一〇〇〇円を引き出し、正式に妥結したのは六月四日。なお、地労委が示した地元同業種の妥結平均額は二万五〇〇〇円だった。

地労委だけでなく、地元企業の経営者たちも、首をひねるしかなかった。当初はあきれたり、笑い飛ばしていただけだったが、いつまでも丸子警報器が非常識な行動をやめないため、同類にみられて恥ずかしいような、自社はそれよりましだから誇らしいような、複雑な気持ちになった。

再度、丸子警報器労組にとっては不本意な妥結結果を飲む経験を強いられた。また委任団交を選択したことで争議を収拾させられたが、もっとやれたはずだ、という未練も残った。だが塩之入さんは達成感や敗北感に浸る前に、社長の逸脱した行動の裏には四半世紀にわたって従組を押さえつけてきた自信があることを冷静に見出していた。

「もしそれが正しければ、次にくるのは、あからさまな組合つぶしだろう。」やはり、その予想は的中した。

「協友会」の結成

丸子警報器労組一九七四年春闘の一六日間のストライキでは、会社は従組から労組に移行したばかりの組合員たちを甘く見て振り切ろうとしたが、手痛い目にあった。このため、大きな警戒心をもつことになり、スト以降の労務政策は大きく転換した。すなわち、正社員が退職しても補充することなく、臨時社員を雇用するようになった。そのほとんど全員が「誰でもできる軽作業です。長く働けます。ボーナスも出ます。」という耳触りのよい募集に応じて会社の門をくぐった主婦パートたちだった。丸子警報器裁判の原告団長となった荻原よし子さんら数えるほどしかいなかった臨時社員がみるみる増えてきた。

実は一九八〇年代に入ってから、塩之入さんは、後進の役員育成のためにと委員長を降りていた。だが、会社が選りすぐりの対立候補を立て、しかもすべての役員ポストを狙ってきたため、あからさまな選挙作戦にただならぬ組合敵視の気配を感じて再度委員長に立候補することになった。結果は、塩之入さんたちもともとの役員候補に勝てるわけもなく、ほんのわずかしか票がはいらなかった対立候補たちは職場から変な目でみられる浮いた存在となった。

しかしこの対立候補たちが次々に管理職に登用され、丸子警報器労組を驚かせた。会社が今度は管理職を増やして組合員を減らそうと画策してきたのだ。その結果、凄まじい勢いで管理職は増加し、四人に一人、つまり二五％に近づくに至ってどの職場も課長だらけになってきた。労務政策の転換の中身は、組合を臨時社員と管理職という非組合員で挟み込み、徹底的に弱体化させて交渉相手から外す「組合つぶし」だった。

一九八八年、増え続けた臨時社員と管理職をあわせて過半数に届きそうになってきた頃合いをみて、会社は正社員を除いて「協友会」を発足させた。管理職と臨時社員という不自然な組み合わせをつなぐ場を作ったのだ。何も知らされていなかった臨時社員たちは、会費を集めにきた上司に聞いた。「協友会って、いつの間にそんな会ができたんですか。」

実は協友会の原型はすでにあった。一九七四年の一六日間のストの直後から、臨時社員が料理屋や旅館に集められ、日ごろの勤務をねぎらう食事会をするようになった。荻原さんたちも参加していた。

「みなさん、本当によく働いていますね。今日は遠慮なく楽しんで下さい。」社長が上機嫌で挨拶して食事会が始まった。さらに、会の途中で社長は「毎日、よくやってくれている。何か困っていることや不満はありませんか。」と水を向けてきた。荻原さんと一緒に倒産した工場から丸子警報器へ押しかけ入社してきた永井喜ぬ代さんが、意を決して「よくやっているというのならどうして正社員とこんなに待遇が違うんですか。」と発した。すると、社長はその一言で冷静さを失い怒気をみなぎらせて突然に立ち上り、空気が一変した。テーブルをひっくり返さんばかりだったが、黙って出て行ってしまった。

協友会はこの食事会となんら変わらない。管理職たちも「幹部会」と称して食事会をしていたから、臨時社員と合同して会費を集めて会合を開くようになった。労組が時間外就労を拒否したりストライキを打ったりした時に、しっかりラインに入って就労してほしいと、組合に対抗する協力要請を続けるのだ。

直接には、後に法廷でたたかうことになる賃金差別や解雇が主婦パートたちを大きく苦しめたのだが、その裏側では、自分たちの砦となった丸子警報器労組をつぶすための道具にされかけていた。

しかし、そうは問屋が卸さない。塩之入さんたちは大きな決断を下し、すんでのところで会社の描いた絵を引き裂いた。

まさかの「組織化」で反撃

一九九〇年は、臨時社員たちにとって忘れられない年である。このままでは従業員の過半数をとられるところまで追い込まれた丸子警報器労組が、臨時社員を組合員として迎えることを決定して、実現したからだ。一九九〇年初夏、塩之入さんと、内田純一さん、小平昭一さんら労組幹部による就業後の夜間秘密オルグが始まった。

最初はずっと同じ課で働いてきた荻原さんに声をかけた。何かにつけて無理を強いられる臨時社員に対してできる限り援護してきたことでお互いの関係は良好だった。たとえば、トヨタ自動車の別の取引先が自動車事故に遭遇し部品が納入できなくなりトヨタ自動車のラインが止まる事態が発生したことがあった。これを機に社員旅行が取り止めになった。楽しみにしていた社員旅行がなくなったので、荻原さんたちは独自に代金を積み立てはじめ旅行を計画した。だが旅行の数日前になると、生産に追われ、臨時社員にも残業、休日出勤を求める会社は、荻原さんへ出勤を強要した。こうした上司の言葉を遮ったのが塩之入さんだった。「この人たちは毎月わずかの積立をしてきてものすごく旅行を楽しみにしてきたんだよ。行かせてあげればいいじゃないか。組合員はその日は絶対に休まない。どうしても間に合わなかったらあんたとオレが残業すればいいだけだろう。」

ついに製造本部長までが説得されてしまい、待望の旅行が実現した。相手が誰であっても物おじせず、なんでもテキパキと解決してしまう塩之入さんに臨時社員たちは感謝していた。塩之入さんもそれに応えようとしたからこそ、発足直後から丸子警報器労組は臨時社員の待遇改善を含めた要求をしてきたのだ。

さて、いよいよ塩之入さんと内田さんが、あたりが暗くなるのを待って荻原さん宅を訪ねた。夜間の自宅訪問なら発覚しにくいし、荻原さん本人だけでなく家族にも組合のことを納得してもらって加入してもらいたい。話を聞いていた荻原さんは即座に加入する意志を伝えた。塩之入さんはほっとして幸先のよさを感じた。

荻原さん宅を後にする前に、他に信頼できる人として永井さんを紹介されたので、翌日は永井さん宅に出向いた。その永井さんから別の臨時社員をたぐって次々に組合の加入の同意をとっていった。「本当に私たちも組合に入れるんですか。」臨時社員はみな同じことを言った。入れるなら入りたい、との反応に塩之入さんは気が晴れる思いがした。

田村慶子さんも、荻原さんと同様に即座に納得した。というのも、結婚するまで勤務していたシナノケンシにはゼンセン同盟に加盟する労組があった。労組が積極的に活動しているのを目の当たりにして、組合員であることの利点を知っていたのだ。丸子警報器の待遇に大きな不満を感じていた分が、そのまま組合に入る期待となった。

他方、滝沢貴美子さんは悩みに悩みぬいた。そこまで逡巡した原因は夫にあった。夫は組合どころか、働いていること自体にも不満に思っていた。なにかにつけて、女は家にいろ、ちゃんと子育てをしろ、家に迷惑をかけるな、などと言い放ち、急なシフトの変更なども認めなかった。だから、毎日窮屈さを感じていた。家事も育児もなんでもこなし男性女性とこだわらない先進的な父親に育てられたから、なおさらこのギャップがこたえた。誰にも言わなかったが、本当にこれからもうまくやっていけるのかな、という疑問を胸にしまっていた。

こんな夫に組合の人を会わせられない、と家ではなく車のなかで話を聞いた。熱心に説明する塩之入さんたちの真剣な顔を改めてしげしげとみているうちに腹をくくって加入を決めた。「夫にバレなければ、それでいいです。でもバレてもなんとかします。」

こうして上田市在住でなにかと相談に乗ってもらっていた岩下智和弁護士を担ぎ出して学習会をはじめ、いよいよ一九九〇年七月の労組全体集会で臨時社員の労組加入を果たした。

「三〇人の臨時社員のみなさんを労組へお迎えすることになりました。」

塩之入さんの宣言をかき消すような拍手が鳴り響いた。

夏季一時金交渉の最中に臨時社員加入を労組から通告された人事部は飛び上がって驚き、混乱した。「ええーっ、ほとんどの臨時社員が組合加入したっていうのか。」これまで臨時社員を正社員とまったく別の存在と扱ってきたから、正社員の労組に臨時社員が入る事態をまったく想定していないようにみえた。さっそく廊下の向こうから会社役員が「委員長よ、臨時社員は組合には入れないいんだよ。知らないのか。」と近づいてきた。その役員が「六法全書」を抱えているのをみて、塩之入さんは思わず噴き出してしまったが、すぐに気を取り直した。

「やっぱりこんな会社なんだ。労組がもっとよい会社にしてやる。」

突然出現した「特殊従業員規則」

丸子警報器では、給料、ボーナスの支給日になると職場責任者が事務所から職場に持ってきて手渡す慣行だった。しかし、給料袋は臨時社員にも職場で手渡されていたが、ボーナスは支給日を遅らせたうえに別の場所に集められ手渡される屈辱的な扱いをされていた。

田村さんは職場で正社員が受け取る給料袋を触らせてもらったことがある。「ああ、厚いね。」悲しい感想を正直に漏らした。荻原さんは悲しい児戯にふけった。やはり正社員が手にした給料袋を借りて作業台に立てかけてみた。「あら、立つわね。」実は荻原さんが自宅でやってみたら、ぺたっと寝てしまって立たない。

それでも、いまや自分たち臨時社員も労組の一員となったのだ。これからは労組に期待できるんだ、と思い立ち塩之入さんをはじめ労組役員にずっとがまんしてきた賃上げ、一時金など労働条件と職場環境の改善を訴えた。

労組もそれに応え、さっそく臨時社員の組合員要求に取り組みはじめた頃、臨時社員を対象とする「特殊従業員規則」なる奇妙な冊子が姿を現した。筆者の手にはその写しがある。開いてみると、第一章総則の第一条はこうだ。

特殊従業員の就業に関する事項は法令に定められたもののほかこの規則およびこれに付属する諸規定の定めるところによる。特殊従業員には、一般従業員の就業規則およびこれに付属する諸規定はすべて適用されない。

みな首をひねった。「そんなもの本当にあったのか。」この規則は一九七三年八月一〇日より実施すると明記されているが、塩之入さんら労組役員も、臨時社員当人たちも誰も知らなかった。

現在ならば「パートタイム労働法」違反の恐れのある内容だ。

従組から労組になった時に作り込まれた形跡があるが、いつどこで潜り込ませた規則か、ということよりも、臨時社員たちに衝撃を与えたのは、正社員とは別物扱いをするための道具だという直感と名称そのものだった。「特殊」とはいったいどういうことだ。正社員と同様にラインに入り同じ時間を過ごし、しかも二時間ごとに持ち場を変えていく同一労働なのに何が特殊なのだ。どうしてこんなに過密に働いているのに、普通ではない、一人前ではないというレッテルを貼られなければならないのか。

本当は特殊なんて存在しないはずなのに、その言葉にいろいろなものを入れられるだけ強引に詰め込んでいる。それは日本の主婦パートに共通する論理である、主婦の労働という名の歪んだ価値観だ。つまり、本来は家庭にいるべき主婦に対して、夫が主力となる世帯収入に追加される副収入を得る場所を提供しているという想定だ。だから、たとえ正社員のような基幹的な働きぶりであっても特殊な労働者だから補助労働者だとすり替えられて低賃金が正当化される。主婦の労働だからと軽々と差別し、基幹化と低賃金のセットでその差を収奪するのが企業の一般法則だ。

職場に入ってくる労働者は未婚男女なら正社員、既婚女性なら臨時社員となり、働きぶりによって正社員になることはない。しかも、これらに文句を言わせない。

だが、この論理は、毎日生産ラインで正社員と並んで同様に働き、正社員が不足すれば残業に入るなど、そこにいなければ経営が成り立たない臨時社員たちにとっては的外れである。文句を言いたくなるのは当然だ。いよいよ臨時社員たちも決心を固め始めた。

上部組合への加盟を決断

一九八九年に全労連と連合が発足するナショナルセンター大変革があり、全労連傘下の産別組合として全日本金属情報機器労働組合（ＪＭＩＵ）が結成されつつあった（二〇一六年一月より日本金属製造情報通信労働組合（ＪＭＩＴＵ））。以前から何度となく訪れてくるＪＭＩＵオルグの勧誘にはある程度の魅力を感じていたが、塩之入さんは、迷いに迷っていた。

企業内組合から脱皮したほうがもっとたたかえる見通しが立つ。しかし、一方では上部組合が身近には感じられない。というのも、七四春闘の「一六日スト」の収拾で協力を仰いだ地元労組協議会の手法には押しつけがあり、不信感が残った。その後に指示された特定政党を軸とした政治活動にもなじめず協力しなかった。

労組役員たちといくら議論を交わしても、どうしても上部組合のトラウマが邪魔して決断できない。だから密かに信頼を寄せていた全国金属にも加盟しないままだった。およそ二年にわたり慎重な態度を続けているうちについにＪＭＩＵが誕生した。

だが、会社は日増しに労組敵対政策を増強してくる。ＪＭＩＵ地本が結成されて以降、その数々の行事に出席を重ねた労組役員たちは次第に意気込みはじめ、こんな言葉も出てきた。「企業内組合ではもう限界だ。産別組合になろう。」たしかにＪＭＩＵは協議会や連合会ではなく、加盟労組はその支部となる。つまり丸子警報器労組が産別になる。

一九八九年秋の年末一時金闘争の終結の直後、ついに労組執行部はＪＭＩＵ加盟案をとりまとめ、職場委員会にかけて正式に決定し、ビラ配布とオルグを開始した。組合員の大勢が賛同に回ったと判断すると、一九八九年一二月二一日、ＪＭＩＵ中央本部の小林宏康書記長を招いて学習会を開催し、最後の詰めに入った。一二月二三日、労組は臨時大会を開き、全員投票にかけて九八％の圧倒的多数の賛成によりＪＭＩＵ加盟を決めた。

翌一二月二四日、塩之入さんは社長室を訪れ、自身とＪＭＩＵ中央委員長、同長野地本委員長の三人の署名入り加入証明書を見せながら、堂々とＪＭＩＵ加盟通告書を手渡した。そこには加入の事実の他にも「積み重ねてきた労使関係を大切にするとともに、お互いの立場を尊重し、相互の発展を期待する。」「貴社と当該労組との間に存在する諸協定、労使間の諸慣行を引き続き遵守する。」と記されていた。

なお、労組が臨時社員の組織化に踏み切ったのは、ＪＭＩＵの助言を検討した結果だった。丸子警報器労組が加入すると、闘争時になると必ず臨時社員が代替就労するのではうまくいかず、そこが最大の弱点である、とさっそく指摘された。これに対する労組の決断と実行は早く組織化を実現した。

こうして、いよいよＪＭＩＵの加勢が始まった。従組時代は、上部組合への加盟は会社の承認を必要とするといった奇妙な労働協約を締結していたほどだ。だから、会社側は一貫してＪＭＩ

Uを煙たがり、わざと軽視する態度を崩さなかった。だがこれがかえって労組側の闘争心に火をつけた。職場の点検、全組合員参加型活動の促進、地域での幅広い交流や共闘などを重視したJMIUの方針を遵守することで、企業内で狭くなりがちだった視野は一気に広がり大きく活動が転換した。しかし、労組の伸長に対して、会社も手をこまねいているわけではなかった。

不当労働行為の嵐

一九九〇年に臨時社員が大挙して労組へ加入すると、会社側はようやく読みの甘さを痛感して一気に態度を硬化させた。しかも、同時期には、前社長からその息子への社長交代があった。あたかも仮免許で路上に出たばかりの新人社長の経営態度は、古今東西、労働者への攻撃に直結する。丸子警報器でも例外ではなく、労使で「不当労働行為」という言葉が頻繁に飛び交うようになった。

労組対策として一堂に集められた五〇人あまりの管理職は、社長命令を聞いて驚いた。「臨時社員たち全員を協友会へ戻せ。」管理職たちは顔を見合わせ、下を向き履いている靴先を見つめた。ある古参管理職がそれでは不当労働行為になってしまいます、と遠慮がちに伝えると、社長の叱責が始まった。だがこの勇気ある進言で脱退強要計画は未遂に終わった。

他方、塩之入さんは、「不当労働行為摘発カード」を握りしめ怒りに身体を震わせた。組合員が不審に思うことを記入するこのカードには、臨時社員に社長夫人が労組脱退をすすめていると書かれていた。子どもが通う学校のＰＴＡ仲間の名目で仕掛けた姑息な手だった。さっそくそれを追求すると、社長は知らぬ存ぜぬで逃げ回った。

脱退工作だけでなく、次々に従来の慣行を破り、もっとあからさまな不当労働行為が始まった。まず、労組に対して、それまで就業時間中に開催してきた団交を今後は認めないと通告し、団交はすべて時間外開催となった。組合費についても、上部団体加盟による組合費の増額では、「勝手に上部団体に加盟したのだから認めない。」と増額部分のチェックオフを拒否した。だが、こうした嫌がらせの連発があっても、産別の力で跳ね返し、秋季年末闘争では時短、臨時者の退職金規定や一時金などで活動をしっかりと前進させた。

翌年の一九九一年春闘になると、「組合にスケジュールがあるように会社にもスケジュールがある。」と、団交で決めた回答日を迎えても回答しなかったり、団交を引き延ばすなど不誠実な態度を強めてきた。とくに臨時社員は狙い撃ちされた。社長は、「臨時社員はあくまでも臨時要員であって正社員と違うのだから正社員に増額しても臨時者にはいっさい増額はしない。」と言い放った。

協友会をつくって、悪いようにしないからと臨時社員を引き寄せ正社員組合員を窮地に落とそうとしていたのに、その臨時社員が組合員になると、今度は執拗に臨時社員だけを不遇にして分断を図る。臨時社員がいるからあらゆる労使交渉が長引くという構図に持ち込み、一部の正社員組合員を動揺させた。

「俺は俺のやり方で経営する。」どこからか、社長の放言が漏れ聞こえて来た。次々に繰り出してくる常識はずれのやり口に、嫌われていた前社長のほうがまだマシに見えてくるから不思議なものだ。組合員たちは隠そうともせず、顔を合せるたびにあいさつのように言った。

「社長が交代してから会社はもっとひどくなったな。」

争議の渦中で長野地労委申立へ

このような情勢で労組は、一九九一年一一月に丸子警報器裁判の発端といえる長野県労働委員会への不当労働行為申立に踏み切ることになる。地労委と聞けば、重大事件が突発して申立に至ると誤解されがちだ。ただし、丸子警報器労組の場合の地労委への申立は、後から考えれば、恒常的でいわば終わりの見えない争議状態の一コマに過ぎなかった。どうしてそんな日常が続いたかといえば、もちろん、土台には世間並みの労働条件をめざしていたことがあるものの、低い待遇にじっと我慢しながらも労組が求めてきたもっとも大切なものが一向に獲得できなかったことのほうが大きい。

それは正常な労使関係だ。常識のある労使関係といってもよい。組合員たちは丸子警報器が憎いわけではない。むしろ定年までずっと勤務したい真面目な働き者ばかりだ。だが、児戯のように繰り返されてきた行き過ぎの不当労働行為は働く者の職場環境を乱すだけでなく、会社の存続すら怪しくみせる。組合員たちは、常識のある会社で人間らしく働きたいと渇望してきたのだ。

一九九一年の秋闘では九月二〇日の要求書を提出したが、会社側はすぐさまＪＭＩＵ他支部と同様の一〇月一日の統一回答指定日を拒否し、一〇月七日もしくは八日とあいまいな返答を出した。期日どおりの回答を促したところ、それは労組が勝手に決めた期日だとの姿勢を崩さず、実際に回答しなかった。このため労組は回答が出るまで時間外就労拒否を通告し、地域でビラ配布に入った。また、組合旗を組合事務所前から目立つ場所に移動させてワッペンを着用する示威行動を開始した。

ところが、会社は組合旗を元に戻さなければ一時金の回答をしない、との逆要求をもって強い態度に出た。一〇月八日に出すといっていた回答は当然のように無視された。他にも、会社に任せなければ条件アップをしないと言い張る、団体交渉の終了があいまいなまま一方的に立ち去る、団体交渉の人数制限をかける、外部関係者が入ると団交を拒否する、あらゆる手段を講じて回答を引き延ばす、労組に対する警告書を乱発するなど、団交拒否と不誠実団交に明け暮れる過剰な組合敵視策が重ねられた。

そこで労組は回答と団交の拒否に抗議するために、一〇月一三日、ＪＭＩＵ長野地本の各支部、県労連などの支援者を含め約一五〇人が参集する決起集会を開催し、「丸子警報器支部対策会議」を設置してからただちにストライキを打った。翌一〇月一四日、会社からスト後も態度に変わりはない旨の連絡が入ると、一六日に地労委への不当労働行為提訴を決めて一八日に「秋闘・年末一時金」の斡旋の申立ても同時に決行した。

さっそく地労委が動き出し、一一月二六日労組と会社にそれぞれ調査に入ることになった。この間に労組幹部と会社で数回の三役折衝を実施し、一一月中の一時金回答と団交の開催を決定した。要求から約二ヵ月間のロスとなり、団交拒否は三四回にも上った。

地労委の調査にあわてた会社は、一一月二六日に正社員五〇万円、臨時社員二四万円の回答を出した。ところが、一一月末から一二月上旬の二回の団交で、会社側が回答提示と団交開催があれば地労委は関係ないとの態度を示した。正社員だけに一万円の上積みを提示して臨時社員の差別をやめないなど、従前の方針を堅持していることがわかった。また、明らかに交渉を長びかせて生活に必要な資金を断つことで時間切れのような妥結をねらっている。

結局、再び形式だけの不誠実な団交が重ねられ、管理職と非組合員にのみ一時金が支給される事態となった。労組は地労委へあっせんを申請するとともに、ストライキ、集会、長野トヨタへの要請活動に入った。あわせて臨時社員を含め組合員の一時金は越年が確実となったため、あわてて労金を利用して一時金仮払い措置をとった。一時金を頼りにしていた臨時社員たちの生活への被害は大きいからだ。

年明けも会社の態度は変わらず、一九九二年一月二八日に出された地労委あっせんを拒否して解決をさらに先延ばしにした。こんな話は聞いたことがない、と地元企業の経営者たちも口を揃えて、丸子警報器「珍闘争」の異常性に驚きを隠さない。労組は、上田市役所で抗議の記者会見を開くとともに、社長や役員の自宅へあっせん受け入れの要請行動やデモ行動と、長野トヨタへの要請を継続した。

前年秋の交渉が終了していないのに、次の春闘が始まるという異例の事態のなかで開催された地労委の不当労働行為事件第一回審問で、尋問された塩之入さんは労組の活動の正当性を堂々と主張した。三月一〇日、ようやく会社がゼロ回答をやめ、正社員および臨時社員双方の一時金上積みと別途支給金を認めたため、労組は妥結していったん矛を収めた。

その後、一九九二年七月、計五回の尋問と一回の現場検証で結審し、不当労働行為の実態が露わになった。地労委は労使へ和解を打診したが、会社側は拒否した。以後四回の和解折衝でも使用者側委員の説得にすらまったく応じない会社側の拒否で不発に終わった。そこまで会社側が突っ張るならば、地労委は最善策として命令を選択せざるをえなくなる。ところが会社はまったく意に介さない。「あんなに跳ねまわって地労委までないがしろにして、とんでもない命令が出たらどう責任をとってくれるんだ。」近隣の経営者たちの胸中も穏やかではない。

ついに一九九三年四月二〇日、地労委から労組の主張を全面的に認める不当労働行為救済命令が出された。チェックオフ拒否はだめ、団交の人数制限はだめ、外部労組役員の団交出席拒否はだめ、団交では回答根拠にもとづいて誠実に対応せよ、組合旗の掲揚やワッペンの着用はOKなど、経営者たちが危惧した命令が満載の完全勝利だ。

この勝利は、黙っているか陰で愚痴を言っているだけで折り合いをつけてきた臨時社員たちに大切なものを授けた。地労委申立の全面勝利命令が、後の一連の丸子警報器裁判勝利の発端なのだ。

「自分たちが決断してみんなで団結すれば会社を変えられるんだ。」塩之入さんは、臨時社員たちに当事者意識の芽が息吹いた瞬間を感じて頬を緩ませてつぶやいた。

「次はいよいよ臨時社員の待遇だな。」

会社の画策で第二組合が出現

一九九一年一〇月、会社の度を越した不当労働行為の連発に対して長野県地方労働委員会への申立に踏み切った丸子警報器労組は、組合員のいっそうの団結を図り、全力で地労委尋問の準備に取り組んでいた。会社側は、非組合員だった臨時社員を持ちあげて労組を分解するための道具にしようとしたのに、臨時社員の労組加入を知るや一転して臨時社員を狙い撃ちにして正社員との分断に動いた。しかし、塩之入さんをはじめ労組役員のリーダーシップが奏功して労組内に大きな動揺はみられなかった。ところが、会社の分断作戦の矢はもう一本放たれていたのだ。

地労委の第二回尋問が終わり、JMIUの方針を受けた直後の春闘団交と複数の重大案件を控えた一九九二年三月二一日、緊急態勢の間隙をつくように、一人の組合員が労組事務所に立ち寄り、一〇人分の労組脱退届を提出した。

こんな裏切り行為は、労組結成以来はじめての事件で寝耳に水だった。会社は自信満々で不当労働行為を続け、越年しても平然と一時金妥結を拒否していた。地労委あっせんさえも受け入れなかったが、会社と内応して労組の内情を正確に伝達する者がいたとすれば合点がいく。塩之入さんは唇を噛んだ。たしかに、労組が一気に前進しようとすると、足を引っ張る言動をしていたのは気になっていた。執行委員も経験した人物であり黙認していたのだ。しかし、いまや自分の意見が通らないから、と脱退者をまとめ上げ、公然と労組分裂をねらう行動に出てきた。

これに対して労組は、脱退保留にして脱退撤回の説得を始めたところ、三月二三日、首謀者は当面はワッペンを着用したり集会にも参加することを約束した。だが翌二四日には手のひらをかえすように労組脱退の通知を会社側へ出していた。そこで労組は、裏切り行為者に関する職場討議を重ね、一九九二年四月七日の臨時大会で脱退希望者の全員の除名と労金や労済の停止処分を決定した。

この一〇人はさっそく「会社側が認めてくれれば労組をつくる。」との迷言を残して去り、会社側のてこ入れによって第二組合の「マルコホーン労働組合」が出現した。これに対して労組は長野県労働金庫丸子支店と連携して、借入金のある脱退者を組合員名簿から抹消し、新組合への貸付を締結させない措置をとった。また新規借入の停止、敵対行為時の全額即時返済などの条件を課した。

組合規約もなく何も活動しない第二組合へ会社側が随所で優遇交渉を試みたため、労組はその監視と防御を余儀なくされた。なお、「おばけ」のようなこの第二組合はもともと野球仲間の集まりであり、野球部に誘い込んだ新入社員を組合員にして生きながらえてきた。分裂首謀者は退職したものの少数が残り、現在も丸子警報器の日常風景におさまっている。

会社側による労組分断作戦は、地労委審問の最中に敢行されたため、労組はさっそく第四回審問で、第二組合の結成は労働者の自主的な判断ではなく会社側の労組敵視政策である、と不当性を主張した。まさに不当労働行為の上塗りだ。

その不当労働行為申立は七月二二日の第五回審問で結審した。毎回の審問では多くの組合員が傍聴に集まり、その有休取得日数は延べ一七〇日に上った。だが、上田地方裁判所に申請した二年越年の一時金支払い仮処分には和解に応じたものの、会社側は不当労働行為については絶対に認めようとしない。ついに一九九三年四月二〇日に完全勝利といえる不当労働行為救済命令が出され、大規模なマスコミ報道もあって全国から注目を集め、ようやく健全な労使関係への第一歩を踏み出すかのようにみえた。丸子町長は「こんなことをいつまでも続けていたらダメになってしまう。」「正常な労使関係をつくるよう会社と話をする。」と語った。

二八人で地裁提訴へ

ところが、会社側は地労委の不当労働行為救済命令すらも馬耳東風に徹し、一九九三年五月一七日に中央労働委員会へ全面不服申立を行なった。長野県内で地労委救済命令を不服として中労委へ再審査申立書が提出されたのは非常にレアケースで、他にはＪＲ東日本の国労組合員の配属差別事件くらいだ。

労組はさっそく五月一八日に抗議の時限ストを打ち、団交に入った。ところが、夏季一時金交渉で回答日を指定すると、会社側はその翌日へ延ばすことに固執し、地労委命令を履行しない態度をみせた。中労委への再審申立によって地労委命令を守っているかどうかの調査が入っているのにまったく意に介さない。

それだけではない。団交では県労連や上小労連の役員参加を拒否し、再び団交参加人数を制限し、理解できないと言われればそれまでだ、と団交を拒否した。地労委命令に背を向けた態度に塩之入さんは、地労委に持ち込んで勝利したのに地労委命令を守らせるたたかいまで労組に要求されるのか、と最初は唖然とし、いまさらながら労組の誠実さと経営者の不誠実さの落差にふつふつと怒りが湧いてきた。

臨時社員含めすべての組合員の怒りもいまや爆発寸前だった。たたかう勇気と経験ならある。しかし、会社にはまったく常識が通じない。不当労働行為で勝っても経営者はまったく懲りない。とくに臨時社員たちはこれまでの会社のやり方を痛感して口々に怒りを吐き出した。「臨時だから待遇が悪いんじゃなくて、非常識な会社だから待遇が悪いんだ。」「ふつうの交渉をしても待遇がよくなるわけはなかったんだ。」「私たちは異常な会社の被害者なんだ。」

会社を辞めて逃げるのでなければ、欠陥のある経営者が行動を改めるか辞めるかしかない。目の覚めるような成果がなければ勝利とはいえない。こんな気持ちが渦巻き、やがて盛り上がり、決心が固まりはじめた。丸子警報器裁判は、突如として始まったたたかいではない。それ以前のたたかいの延長線上にあり、地労委申立という「基礎工事」の後工程なのだ。

塩之入さんは決断して迅速に動き、臨時社員の賃金差別をやめさせるための裁判を明確に視野に入れ、がっちりと組合員間で共有された。一九九三年六月一八日、労組事務所に地元と東京の弁護士を招いて裁判について議論したのを皮切りに、弁護団の編成と裁判に関する学習会を重ねて着々と準備した。

一〇月二〇日、いよいよ丸子警報器労組の組合員である二八人の臨時社員が長野県地方裁判所上田支部に対して、会社の賃金差別による損害賠償請求を提訴した。裁判所を訪れた組合員たちは多数のマスコミ関係者が集まっていることを知ると顔を見合わせて驚いた。テレビカメラが向けられたり、新聞記者のカメラのフラッシュが火を噴いたので、全員の足が震えた。その緊張をほぐしてみんなをどっと笑わせたのは、荻原よし子さんだった。「こんなにたくさんの人が来てるんだから、今日は裁判所で何かあるんだろうな。」労組書記長の内田純一さんがすぐに拾って答える。「うん、きっとあるんだろうね。」

涙の真剣勝負

たしかにマスコミが大挙するほど注目の画期的裁判だ。正社員と労働時間も仕事内容も変わらないのに極端に低い待遇。そんな差別が許されるのなら、日本の労働法なんて嘘っぱちだ。原告たちや労組が「賃金差別撤廃裁判」と的確に表現するのも当然だ。奇しくもちょうど「パートタイム労働法」が施行されようとしていたが、海のものとも山のものともわからないし、はたしてこんな異常な経営者を正すことができる法律なのだろうか。原告団は仲間との団結に頼むしかなかった。

第一回公判では、山本きぬ子さんと永井喜ぬ代さんが意見陳述を行ない、いよいよ裁判がスタートした。第二回公判では、リレー組立職場で正社員と臨時社員の仕事内容はどこも違わないことを、田村慶子さんと磯きよみさんが法廷に持ち込んだ模造紙を使って説明した。滝沢貴美子さんはそれを補助して模造紙の内容を指さした。みんなで苦労して作った横三メートルにも及ぶ大部な図であり、こんな経験がなかった裁判官も驚きの表情を見せた。

模造紙の内容は、**図表12**（次頁）のとおりだ。リレー組立職場は、コイルカシメ（接合部分を固定するいわゆるカシメをコイルに施す作業）からはじまり、番号の順に途中で検査を挟みながら自動機を使って各種のカシメを繰り返していく。したがって、各ラインとは、自動機を使って前工程から送られる中間製品に部品を加えたり、加工したりして後工程へ送る。ただし、各人の持ち場は固定ではなく、職場の女性正社員と臨時社員が交代していく。このリレー職場の場合には二時間ごとに後工程の持ち場へ移動し、正社員の持ち場へ臨時社員がつくし、その逆もある。職場単位でみれば、全員が同じ仕事をこなし、臨時社員と正社員の仕事内容に違いがないことがすぐ理解される。

公判当日はピンク色で示された臨時社員四人（C、E、F、H）と黄色で示された女性正社員

図表12　丸子警報器のリレー組立職場の労働実態

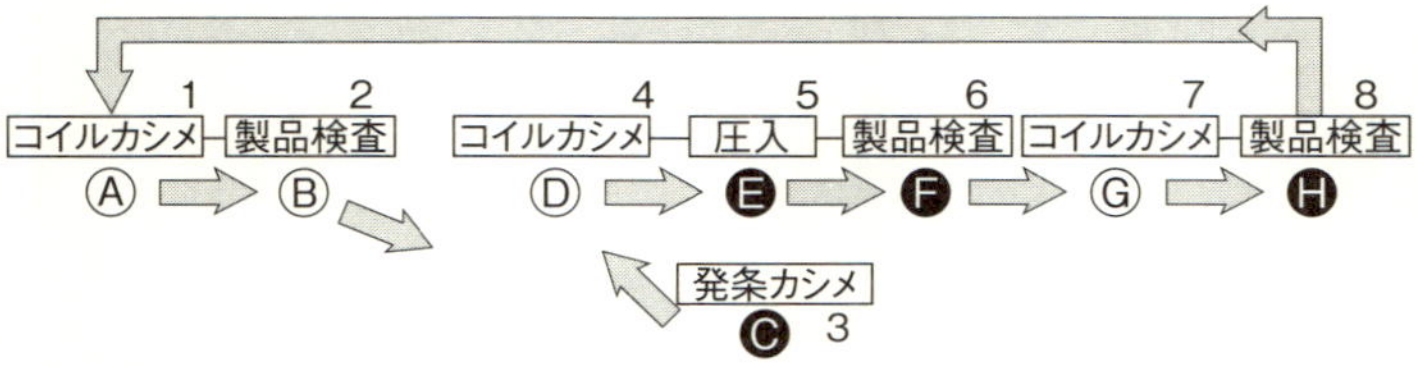

（資料）丸子争議支援共闘／丸子支援、パートまもる全国連絡連絡会編『パート・臨時だって労働者』（学習の友社、2000年）34-35頁の図を筆者が修正した。

四人（A、B、D、G）の完全な混合作業がこうして一目瞭然となり、田村さんは「私たちのどこが特殊従業員なのですか。」「社長、もっと世間に目を向けて下さい。」と締めくくった。

それに対抗するように、会社側はその後の公判では一貫して、臨時社員の仕事はとても簡単な仕事です、スイッチを押すだけの仕事です、目視の仕事なんです、と繰り返し主張する。原告団にとっては目、肩、腰に大きな負荷がかかる重労働を隠ぺいされるのは耐えがたい。しかし、ウソが許されない法廷でウソを言うのだから弱腰だ。裁判官の声が響く。「被告の主張ははっきりしない。」

仕事内容すらも両者の意見が大きく食い違うので、裁判官と書記官が丸子警報器へ視察に入ることになった。訪れた裁判所の視察団は塩之入さんと内田さんの案内であちこちを回り、ビデオで撮影した。田村さんは自分の職場にも入ってきたのでとても緊張したが、なんとか普段どおりに作業を続けて、「芸術的な手の動きですね。」という裁判官らの声を背後から聞いて安堵した。

一方、滝沢さんはあらかじめ不良品を集めておいて、御一行が入ってくると、これは不良品でこれは合格品だな、と聞こえるように仕分けて強調しはじめ、「まったく同じ様に見えますが、どこがどう不良なんですか。」と質問されて微笑んだ。こういうわずかな差を素早く目視で特定するんですよ、と丁寧に説明した後、「すごい。目視っていったって実に難しい作業をしているんですね。」と言って退室する後ろ姿を見送ると万歳したい気分になった。

なお、第一回公判直後の一九九三年末、塩之入さんは突然の人事異動を打診された。すぐさま労使協定を根拠に拒否したところ、強引に異動命令を掲示してきた。労組は抗議したが撤回しないため、一二月二八日に二波で五時間三〇分もの時限スト、翌二九日にも三〇分の時限ストを打った。結局、会社側が異動命令を撤回して塩之入さんが別の部署へ異動することで決着したが、裁判中も相変わらず会社のいやがらせが頻発していたのである。

一方、組合員が大挙して裁判の傍聴に出かけるので、製造ラインがよく止まるようになった。管理職や非組合員は生産力の低下を最小限に食い止めようと、職場の第一線で手足と目を酷使してひたすら長時間働いた。消耗して臨時社員たちの苦労に耐えられないことを痛感した管理職が塩之入さんに泣きついた。「裁判は代表者が行けばよいではないか。そんなにたくさん行くことはないだろう。」違うよ、わかってないな、と塩之入さんが首を振った。「原告団の二八人は一体なんだよ。」

しかし、裁判の日は、管理職たちが流す大量の汗とは無縁のような涼しい顔をして、社長はすべての公判に顔を出し、原告団の反対側に悠然と座った。永井さんが「戦後の民主主義の教育を受けたのだから、人を差別してはいけないことくらいわかっているはずです。」と述べ、他の原告たちが口ぐちに非常識な差別を指摘しても、まったく表情を変えなかった。その異常性が醸す法廷内の独特の雰囲気も丸子警報器事件の一面だ。

第三回公判では、原告団長の荻原さんが、入社以来ドリンク剤を頼りに精根込めて正社員とまったく同じように働いてきたのに、あくまで特殊で契約が違うと言われて極端な賃金差別が続いたことを述べた。くやしさ、みじめさ、むなしさの二六年間を思い起こしているうちに涙があふれ、一すじの涙はすぐに法廷にいる原告団全員の大量の涙となった。以後の公判では原告団の結束がさらに固まり、主婦パートたちの攻勢ぶりが崩れることはなく、一人の脱落者も出さず一直線に完全勝訴へ向かった。

画期的な判決の果てに

丸子警報器裁判原告団長の荻原よし子さんは、憤りを抑えられない興奮の日々を送っていた。公判で丸子警報器には三〇億円以上の内部留保があることが発覚すると、怒りはますます大きくなった。たとえ利益がでても給与原資の増額は最小限にとどめる。無借金経営は当然で内部留保をたっぷりとり、赤字がでても倒産しない体質のいわゆる「長期安定経営路線」に血道を上げる。それがトヨタ自動車の資本が入った超優良企業と呼ばれる丸子警報器の内側だ。

ある日、荻原さん宅へ近所に住む男性が訪れ、「すごいことをしたもんだなあ。」と言い放った。しかも、絶対に勝てないぞ、よいことは何もないぜ、と組合運動で経営者に睨まれてむごい仕打ちを受けた経験を打ち明けた。それが癇にさわり、荻原さんはつい怒鳴り声になった。「そりゃ、あんたの時の組合の話でしょ。」「私はね、負ける喧嘩はしないよ。」

強がってみたが、家庭に戻ればやはり勝手が違う。裁判に関する親戚の態度は否定的で、非難されるからだんだん逃げ回るようになった。手ごわい親戚が文句をいうために駆け付ければ山の中へ身を隠して、正しいことをしているのになんだかやりきれないな、とため息を吐いた。

もっと胸をえぐられたのは同和問題の研修だった。丸子警報器では年六回の研修会が開催され、正社員だけでなく臨時社員も参加が義務づけられていた。部落差別の撤廃を熱心に説く社内講師の言葉を浴びるほど、荻原さんは当初は不可思議な気持ちになり、だんだんと不快感が募りやがてそれがめまいに変わった。差別に苦しむ人間が差別撤廃を説くならわかる。しかし、差別する側の研修で差別される側へ差別はよくないと声を大にして説教するとは。「何いってるんだい。」この研修を受ける臨時社員たちは毎回同じ気持ちになった。

それでも原告団の興奮とは無関係に裁判は進行していく。第六回公判以降、会社側はうろたえることが多くなった。会社側が臨時社員は短期ごとに契約している文字どおり臨時性の高い労働者だ、と主張するために二ヵ月ごとの雇用契約書を提出した。しかし、三ヵ月契約や四ヵ月契約が出現して失笑をかい、荻原（おぎわら）のはずが萩原（はぎわら）と記載された契約書まで出てきて、証言に立った常務の表情が凍りついた。法廷には、「ええーっ。」という驚きの声とともに原告被告を問わず全員が、やぶへび、と連想する奇妙な共感が生まれた。自分の名前でもない書面に押印するはずがない。臨時社員の多くは、自ら署名も押印もしていない雇用契約書で働いていたのだ。

その後の公判でも、総務部長、製造本部長と口ぐちに正社員と臨時社員の大きな違いを強調しようと躍起になればなるほどうまくいかず、矛盾が露呈した。現場を知らないから、想像や思い込みで仕事内容や責任などを語り、それが意味不明の長い陳述となった。また重い機械や設備を必死で持ち運ぶ男性正社員の写真を取り出して「臨時社員とこの人たちとどっちが単純作業なんですか。」と原告団弁護士が問うと、会社側はうつむくしかなかった。いらだった会社側弁護士が遮ろうとしたが裁判長が続行を命じると、法廷内は大きな拍手で包まれ、こりゃひどいな、と傍聴者が漏らした声が聞こえた。

上田市役所から裁判所まで原告団を先頭に一〇〇人以上でデモ行進を行ない、報道陣が殺到する裁判所前の決起集会で滝沢さんが決意表明してから臨んだ第一三回公判では、最終意見陳述を終え結審となり、判決の日を待つこととなった。そこには「皆勤賞」社長の姿はなかった。

改めて賃金差別裁判の経過をまとめると**図表13**のようになる。一九九六年三月一五日、長野地裁は違法な賃金差別を認定し、過去三年分の差別相当額の損害賠償金と慰謝料の支払いを命じる判決を下した。同一労働同一賃金の原則はあってもその違法性を律する法はない。だが、均等待遇の理念からすれば、経営者の裁量の範囲から逸脱した賃金格差は公序良俗に反するとの判断だ。正社員賃金の八割を支払わないと差別になる「丸警ルール」が生まれた。後に施行された「パートタイム労働法」を先取りして、同一労働同一賃金、均等待遇を賃金格差の重要な判断要素に引き上げた清々しく画期的な司法判断に賞賛が集まった。

東京高等裁判所

新たな時代の扉を開く勝利判決は、日本全国にとどろいた。パートタイマーの待遇改善に熱心な労組はさっそくこの判決を交渉に使い、次々に成果を獲得しはじめた。しかし、原告団と丸子警報器労組がこの勝利に浸る暇もなく、会社側は再びたたかいを挑んできた。判決は労働者の雇用に対する経営者の裁量を認めその範囲を問題にしたが、その否定されなかった裁量に固執しつづけた。今回は負けたが次回は勝てる、と根拠のない自信にもとづき暴挙をやめようとしない。

図表13　丸子警報器「賃金差別裁判」（長野地裁）

1993年	10月20日	提訴
	12月10日	第１回公判
1994年	２月23日	第２回公判
	４月15日	第３回公判
	６月17日	第４回公判
	９月２日	第５回公判
	10月25日	第６回公判
	11月30日	第７回公判
1995年	２月８日	第８回公判
	４月14日	第９回公判
	５月24日	第10回公判
	７月19日	第11回公判
	９月20日	第12回公判
	11月17日	第13回公判
1996年	３月15日	勝利判決

会社側はさっそく東京高裁に控訴するとともに、四月早々に八人の臨時社員の雇止めに踏み切った。大幅な需要の減少により、やむなく定年のない臨時社員のうち年長者から順に雇止めしたとうそぶくが、このなかには原告団の山本きぬ子さんと手塚圭美さんが入っていた。組合員ではない六人がこれに応じた結果、二人が狙い撃ちになる。地裁の仕返しと高裁へ向けた揺すぶりであることは明らかだ。労組は、会社の脱線暴走ぶりはもう想定内だから衝撃を受けるだけ無駄だとばかりに、早々に地裁へ地位保全の仮処分申請を済ませ、再び応戦する体制づくりを急いだ。

「いい加減にしろーっ。」組合員全員の本気の怒りに火がつき、もう止まらない。それならばと、正社員の八割ではなく一〇〇%の賃金、慰謝料、弁護士費用を求めて控訴し、解雇撤回の団体交渉に入った。当然のように会社側は解雇を撤回せず、以後は団交自体を拒否した。

一九九六年六月に長野地裁が二人の地位保全と毎月の賃金支払いの仮処分を決定した。だが就労妨害をしつこく続けていた会社側は、処分を不服として地裁へ起訴申立をして本裁判で争うこととなった。この結果、丸子警報器裁判は、高裁の賃金差別裁判（七月二四日第一回公判開始）と地裁の解雇撤回裁判（八月三〇日第一回公判開始）の二本立ての徹底抗戦状態に突入した。以後の裁判の経過をあらかじめまとめると**図表14**のようになる。

解雇撤回裁判第一回公判は、山本きぬ子さんが、仮処分もあるのに仕事をさせてもらえない悔しさを存分に訴えたのに対して、会社側は準備書面もなくなんの意見も述べない異様なスタートとなった。その後も会社側には精彩がみられず、意見や主張の矛盾を突かれては誤りを認める公

図表14　丸子警報器「賃金差別裁判」（東京高裁）と
「解雇撤回裁判」（長野地裁、東京高裁）

1996年	7月24日	賃金差別裁判（高裁）第1回公判
	8月30日	解雇撤回裁判（地裁）第1回公判
	10月9日	賃金差別裁判（高裁）第2回公判
	10月11日	解雇撤回裁判（地裁）第2回公判
	11月22日	解雇撤回裁判（地裁）第3回公判
	12月25日	賃金差別裁判（高裁）第3回公判
1997年	1月24日	解雇撤回裁判（地裁）第4回公判
	3月7日	解雇撤回裁判（地裁）第5回公判
	3月11日	賃金差別裁判（高裁）第4回公判
	5月2日	解雇撤回裁判（地裁）第6回公判
	6月13日	解雇撤回裁判（地裁）第7回公判
	7月16日	賃金差別裁判（高裁）第5回公判
	7月25日	解雇撤回裁判（地裁）第8回公判、結審
	10月15日	賃金差別裁判（高裁）第6回公判
	10月29日	解雇撤回裁判（地裁）勝利判決、会社側控訴
1998年	1月21日	賃金差別裁判（高裁）第7回公判
	6月9日	賃金差別裁判（高裁）第8回公判
	7月15日	賃金差別裁判（高裁）第9回公判
	〃	解雇撤回裁判（高裁）第1回公判
	10月5日	賃金差別裁判（高裁）第10回公判
	10月14日	解雇撤回裁判（高裁）第2回公判
	11月25日	賃金差別裁判（高裁）第11回公判、職権和解、事実上の結審
	〃	解雇撤回裁判（高裁）第3回公判、結審、和解勧告
	12月11日	第1回和解交渉
	12月15日	第2回和解交渉
	12月28日	第3回和解交渉、和解決裂
1999年	3月31日	東京高裁が会社の控訴を棄却
	4月7日	会社が上告を断念
	11月29日	全面勝利和解

判が続いた。とりわけ、減産のためやむなく解雇したはずなのに受注が増え、社員に時間外労働と休日出勤を押し付け、日系ブラジル人労働者まで投入して夜間までフル操業を続けている事実が致命的となった。

こうして、一九九七年七月二五日の第八回公判で結審して迎えた一〇月二九日の判決では、臨時社員に整理解雇要件が適用され、四要件すべてに違反するから解雇は無効とされ、解雇後の賃金と二回分の一時金を支払うよう命じた。またも画期的な判決による全面勝利となったが、大方の予想どおり会社側は控訴した。

一方、賃金差別撤廃裁判では、第一回公判からまざまざと「主婦パートいじめ」の実態が明らかとなった。一九九四年の勤続一〇年~二六年の臨時社員の日給は六四四〇円、年収は一時金込みで二一九万円、勤続一〇年未満では日給六二八一円、年収二一四万円に対して、同じ仕事に従事する勤続二六年の女性正社員の年収は三三三万円だ。しかも、四〇歳未満の男性なら入社して三ヵ月間は臨時社員だが、その後は正社員になれる。当然既婚者と未婚者の区別はない。ところが、女性は年齢にかかわらず既婚者は正社員になれずずっと臨時社員だ。結婚予定のある二〇歳女性まで臨時社員で採用されるほどだ。

この後、主尋問と反対尋問の応酬で公判は進み、一九九八年五月六日の第八回公判から浅倉むつ子東京都立大教授（当時）が、猛然と援護射撃を開始した。「鑑定意見書」を提出し、丸子警報器は女性であることを理由とした採用差別、配置差別、賃金差別により違法であり、損害賠償責任を負うと結論づけた。これに対して、家事育児を重視し家計補助的な収入を求めて正社員を意図的に回避するパートタイマーが主流であることを強調した菅野和夫東大教授（当時）と諏訪康雄法大教授（当時）の共著論文を会社側が持ち出して反論した。だが、一度として就労調整をしたことがなく、正社員になるのを夢みてきた丸子警報器の主婦パートたちにはただの雑音だ。浅倉教授が改めてこの論文の欠点を指摘した「補充意見書」で応戦し、七月一五日の第九回公判、一〇月五日の第一〇回公判と二度の浅倉教授の証人採用要請が却下されたところで結審に向かった。

裁判中の一九九六年一二月に元書記長で病気療養中だった内田純一さんが死去した。四六歳だった。一九九〇年の臨時社員組織化の当時、毎日のように続く会社側からの攻撃を受けながら、「絶対に組合員にするぞ。やるぞ、やるぞ。」と塩之入さんに発破をかけ、夜間の家庭訪問を強行したのが内田さんだ。臨時社員たちには一生の恩人と慕われていた。賃金差別を訴えた長野地裁の画期的な勝利判決の報は病床で聞くことになったが、声を弾ませて喜んでいた。主婦パートたちは、「一人で悩むな。相談しろよ。」と言い続けた内田さんの優しい笑顔を思いだしては涙をこらえてたたかっていたのである。

「運動で勝ち、裁判で勝つ」

勝つために、やれることはなんでもやる。ただ裁判に勝つのではなく、その前提にはきちんとした労組の運動がある。これが大切だ。だから「運動で勝ち、裁判で勝つ。」が原告団と組合員の合言葉となった。

当時の原告団の活動日誌から裁判中の運動の足跡を拾ってみた。すると、弁護団会議、丸子支援全国連絡会、丸子支援共闘会議、上田駅宣伝行動、丸子署名総行動、丸子総行動、トヨタ総行動、国民救援会、国民大集会、全国統一行動、全国争議団、母親大会、働く女性中央集会、パートの集い、女性学習交流集会、物資販売オルグなどの活動や、県労連、全労連、自治労連、生協労連、日本医労連、新日本婦人の会との交流など、毎日のように精力的に動き回っていたことがわかる。

このうち、丸子支援共闘会議は、一九九三年三月に結成され、後の支援運動を主導した。また、この支援共闘会議から独立する形で、支援する女性の会（丸子警報器二八人の女性臨時労働者のたたかいを支援する女性の会）が発足した。さらに全国規模に拡大して、高裁の賃金差別裁判の第一回公判が開かれた一九九六年七月には丸子支援全国連絡会（丸子警報器の二八人を支援し、パート・臨時労働者の権利を守り発展させる全国連絡会）が創設され、約二二〇の団体や個人のメンバーが、裁判傍聴、署名集め、要請行動、宣伝行動を精力的に進めるまでになった。

その手法のうち際立つのは、二〇数回に及んだ丸子総行動である。たとえば第四回の総行動では、朝、長野駅と上田駅で街頭宣伝とビラ配布、その足で長野トヨタ社長宅へ要請に行った。移動して、上田市役所から裁判所までデモ行進で移動し要請行動、その後集会を経て、記者会見を開いた。総行動は、同時多発で集中的にすべての運動を展開するのだ。

もちろん支援者ではなく原告団が主役である。八面六臂の原告団長荻原さんなど原告や労組の役員が街頭演説していると、応援していますのでこれを食べてがんばって下さい、と中年女性がリュックから取り出した大きなトウモロコシを手渡された。署名行動で、街頭宣伝の後、家庭訪問に向かえば、絶対に署名させてくれ、と寝たきりの男性がボールペンを握りしめて玄関先まで這って出てくるドラマがあった。また、労組オルグで病院を訪問したら院長が現れて、がんばりなさい、と励まされる珍事もあった。ある日、女性組織の代表委員に支援のお願いに出向いた車中で、引き受けてくれるかどうかわからないから心を込めて話せ、と助言した塩之入さんに疲れのせいか荻原さんが食ってかかった。「そんなことわかってるわよ。いつもやってるよ。」その怒った真っ赤な顔をみて塩之入さんは苦笑いだ。

滝沢貴美子さんや田村慶子さんをはじめ原告団は、招いてくれた全国各地の集会や講演会を手分けしてめぐり熱心に支援を訴えた。旅費や講演料が出て活動費が増えるし、署名も積み上がるので、積極的に出かけていった。また、会社側が浅倉教授の鑑定書に対抗するために持ち出してきた論文も黙認せず、東京の菅野教授を訪ねて反論を述べた。

丸子警報器裁判の勝利と聞けば、団結して裁判の準備を周到に行なうことが強調されがちだが、全国に輪を広げたこれらの活動の合間に地裁や高裁の公判が挟み込まれているのが現実だ。まさに「運動で勝ち、裁判で勝つ」である。

和解決着

高裁に持ち込まれた丸子警報器賃金差別裁判は、控訴した会社側が劣勢のまま進行した。大詰めに近づいた公判では、会社側の弁護士が反対尋問で滝沢貴美子さんにいじわるな質問を吐き出した。

「あなたはそんなに安い賃金がいやならなぜ辞めなかったんですか。」

世間知らずな弁護士の言葉に冷静さを失いそうになった滝沢さんは、生活のために働く人間のことがわかっていないいんだ、と痛感させられた。

だが気を取り直して、私はなぜ辞めなかったのだろうか、と自問した。正直に思うままの回答は、傍聴している臨時社員たちが自然にうなずく全員の気持ちだった。

「一緒に苦楽を共にして働く素晴らしい仲間がいるからです。」

弁護士は二の句が継げず黙ってしまった。一人でたたかえなくても、励まし合ってみんなとたたかえる。集団訴訟の内実をこんなにうまく凝縮する言葉は他にはない。同時に、労働組合の原点を見せつけることになった。

一九九八年一一月二五日、第一一回公判で荻原よし子さん、田村慶子さん、雨宮ヨシ子さん、宮坂佐登子さんの原告四人と、岩下智和弁護士、今野久子弁護士の原告代理人が最終口頭弁論に立った。荻原さんは、病院で地裁勝利報告を喜んで今は亡き内田さんと握り合った手のぬくもりを思い出しながら、堂々と陳述した。田村さんは、臨時社員の立場を恨めしく思いながらの悪戦苦闘の毎日で頭がおかしくなりそうになっていたことを告白した。雨宮さんは、子どもたちの励ましや、結婚しているだけで特殊な人間と呼ばれ差別され続けるくやしさをバネにして働いていると語った。宮坂さんは、人間はがんばればいつかは報われる、とこれまで大事にしてきた定時制高校時代の恩師の言葉を紹介し、差別を認めない判決を希望していると述べた。

岩下弁護士は、差別がなかったから裁判がなかったのではない、何百万人という人たちが差別を受けているが、そのうちの一人が裁判を起こすのは至難をきわめる、と画期的な裁判を手がけて脚光を浴びることを自戒するように原告団を代弁した。今野弁護士は、既婚女性は一律に安い賃金でよいというのであれば、それは人権侵害であり合理性がみじんもなく、歴史に逆行すると締めくくった。

この公判で結審となり、職権和解勧告が出され、以後約一年の和解交渉に入った。会社側は今回も和解折衝で強硬な態度を曲げようとしなかった。原告団が裁判の成果で押しに押しても、会社側は原告団を絶対に正社員にしない。そこで〝中身〟をとることにした。当時は、正社員は六〇歳で定年退職し、その後は本人が希望して会社が必要と認めた場合のみ六五歳まで嘱託社員になれたが、賃金は定年時より大幅に落ちる。一方、臨時社員の定年をなくし、退職を申し出るまで何歳になろうと働けるようにすれば、裁判で勝ち取ったかさ上げされた賃金は落ちない。こういう埋め合わせ方もありだ。「よし、その線でいこう。」話し合いを続けていた原告団たちはついに決心した。

こうした目標を明確に決め粘り強く交渉に臨み、一九九九年一一月二九日、とうとう和解が成立し、全面勝利解決となった。和解日には普段のように颯爽と入室してきた塩之入さんが着ていたのが内田さんの形見の見慣れたジャケットだったので、みんな息を飲んだ。だが、やがて和解協定を読み上げる裁判長の声を聞いて喜びの涙に変わった。

他方、地裁で勝利したが会社側が控訴した解雇撤廃裁判は、一九九九年三月に高裁で解雇権濫用により会社側控訴が棄却され、現職復帰や利子つき一時金の支払いなどを認める全面勝利判決が出されていた。また、地労委に提訴して四年半を費やした不当労働行為事件も、中労委の和解の説得に会社側が誠実には対応せず決裂状態が続いていたが、土壇場で和解折衝を受け入れ一九九七年一二月に締結した和解協定で解決に至っていた。

長年のたたかいに終止符を打った高裁賃金差別裁判の和解によって、臨時社員の給料は月給制に改められ、その月給には毎年四月の昇給が保証された。またこの昇給とは別に、五年間は毎年一二月に特別是正増額一万八〇〇〇円が上乗せされることになった。四月の昇給は正社員と同一の比率、夏冬の一時金も正社員と同一の計算方法による支給となった。退職金は和解時から六〇歳までは正社員と同一規定による支給、和解成立までおよび六〇歳以降は従来規定額の二・五倍の支給となった。臨時社員の組合員は最後まで正社員にはなれなかったが、事実上の正社員の労働条件を埋め合わせたことになる。だから高裁では地裁でもぎ取った正社員賃金の八割というハードルを超えたものとみなしうる。しかし、超えたはずのこの「丸警ルール」さえも、現在の日本のパート賃金からすれば夢のようだ。

たたかう主婦パートたちの「伝言」

二八人の主婦パートが全力でたたかうことで、多くの点が露わにされた。一九九〇年代の主婦パートたちが二〇一六年のわれわれに伝えることをまとめよう。

第一に、同一労働同一賃金の原則を認めない徹底した差別がどこから発生し、それは何につながっているのかである。主婦パートたちを差別し続けた丸子警報器の経営者は、裁判では絶対に勝てると思っていた。しかも、自明の勝利を信じたから勝つだけの努力もついにみられないまま敗訴した。まったく同じように、裁判に持ち込まれることこそ逃れたが、主婦パートの坂喜代子さんを標的にした名古屋銀行にも根拠のない自信が渦まいていた。この信念こそ根が深く恐るべきことだ。

主婦パートとは本来家庭にいて会社に送り出す夫を補助すべき女性が会社へ出てきて男性正社員の補助をする雇用形態だと信じて疑わず、矛盾を感じないほど世間の意識は低い。差別していることにすら気がつかないから認めようとしない。主婦パートを構成する多くの要素の土台には、こうした日本全体に刷り込まれた性別役割分業意識やそれを裏づける第三号被保険者制度がある。その盤石な土台に則って、丸子警報器では主婦パートたちを特殊従業員と呼び、特殊だから低い待遇でもありがたく働くべきで、いやなら家庭に戻れと言い放つ。懸命に働く主婦パート本人には耐えがたいことだ。非正規問題は社会経済環境が引き起こす現象と思われているが、実は人間の仕業なのだ。

ところで、よく丸子警報器事件の臨時社員はフルタイム労働なので主婦パートではないと言われる。だが、そんなことは言わないでほしい。主婦パートを既婚女性のパートタイマーだと理解するから言葉遊びのような議論になってしまう。主婦パートは作り込まれた構造と理解しなければ何も言っていないに等しい。丸子警報器の臨時社員はしっかりとした土台の上に形成された雇用形態であり、紛れもなく主婦パートなのだ。その構造を実感したいなら、空論ばかり追っていないで一人でもいいから主婦パートと会ってみればいい。

第二に、丸子警報器の臨時社員の低い待遇が問題化した当初は雇用主と雇用者という雇用関係上の労働条件交渉だったはずだ。だが、途中から加害者と被害者の関係に代わった。丸子警報器事件は雇用関係の本質をあぶりだしたのであり、丸子警報器事件が現在の日本に突き付けているのは、均等や均衡概念の解釈論にとどまらない。「パートタイム労働法」や「労働契約法」などあらゆる労働法は、はたして雇用関係に内蔵される「被害」に対して、十分にこたえられるのかどうかだ。

この点に関して、丸子警報器の事例は、労働組合の役割の大きさを再認識させた。実は丸子警報器労組でさえ、臨時社員の組織化や裁判の選択において、一部の正社員組合員の反対があった。

臨時社員を労組へ加入させたり裁判で会社側を刺激するから労使交渉が難航し、正社員にとって不利だと考えているのだ。非正規労働者の待遇が低いままである限り、正社員の待遇も上がらないと理解できないか、理解できても他人ごとにしてしまう。非正規問題の解決を正社員組合員が阻むのだ。多かれ少なかれ、これはほとんどの労組で共通する。

ところが、丸子警報器労組は、臨時社員を正社員と同じ組合員と位置づけて徹底的に労使交渉に臨み、ストライキを打ち、運動で勝ち裁判で勝った。丸子警報器事件は勝訴事例には違いないが、労働法や個別紛争処理ではなく、組合運動を通じた凝集性の高い集団的な労使関係こそが強力な解決手段であることを痛感させる。現在、労組に対してほとんど期待できないとの声が多いのは、この点が疑わしいからだ。

第三は、丸子警報器事件は、強固な主婦パートの土台を壊した事例とみなしうることだ。原告団は第三号被保険者ではないから、その限りで土台の大半は崩れかけていたのは事実だ。しかし、他方では積極的に性別役割分業の土台を破壊したのを見逃してはならない。

原告団のメンバーたちは、気持ちの強弱はあるものの、同じことに気づいた。なぜ正社員と同じ仕事をしているのに会社がなんの迷いもなく差別してくるのか。その背景には、男性正社員の主収入用賃金と、女性非正規雇用の副収入用賃金の区分があった。両者を組み合わせられる土台はなにかと問えば、女性は家庭にいろ、という偏見であり、身近な夫にも染み込んでいて、労組の活動の足かせにさえなっていた性別役割分業だった。

滝沢貴美子さんは、夫の旺盛な性別役割分業意識に悩み抜いた。だが、裁判に勝つための努力を重ねるほどに、その役割が壊れはじめ、最後は夫の十分な理解を得て行動を変えさせることに成功した。また嫁の役割を強いられていた荻原よし子さんは、家出などの抵抗経験の伏線があったとはいえ、裁判に入ってから性別役割分業を大幅に薄めた。

このように臨時社員はそれぞれに夫に苦労させられていた。ところが、裁判が始まり、抜き差しならないようになると性別役割を削り取り始め、夫たちもそれに応じるようになった。協力であって代理はできないにせよ、もう足手まといにはならなくなり、やがて妻たちを送り出し励ますようになる。

原告団のメンバーは、「裁判によって人生が変わった。」と語る場合が多い。その真意は、いわば日本の基本形から脱出する決意をもって性別役割分業を転換させた実感なのだ。主婦パート構造の土台を崩してしまえば、正社員との賃金格差は完全にフィクションに変わり、法的に容認できる余地はほとんどなくなる。これは丸子警報器事件の最大の教訓かもしれない。

おわりに

主婦パートを複眼でみると「日本社会」がみえる

主婦パート「冷遇」の代償

「主婦パートは自立していないから別物だ。」

高齢男性から放たれたこの言葉を思い出して欲しい。先入観で一部の事実だけを重視しながら虚像をみているのだ。他方、虚像なのか実像なのかわからないのに、虚像へと引っ張る調査データもある。

主婦パートを考えるなら、構造がわかったうえで実像をみるべきだ。虚像にもとづく議論では当を得ていないし、実像と虚像の両方があって矛盾を引きずり続けるから、思考が停止してしまう。その結果、主婦パートのみならず、非正規問題の解決を阻むという意味で危険である。だから、主婦パートよりたとえばブラック企業へと目が逸れていく。

その心情の危険性は、第一に、要するに主婦パートとブラック企業の若者とでは深刻度が違正社員になれなかったらアウトだぞ。」と。大学生の弟も姉のことを心配している。明日はわが身と思っているのかもしれない。

妻はパート勤務でへとへとになりながら、一方で家事も全面的にこなし、献身的に娘を励ましたり、正社員のコネを探したりと必死だ。だが、夫は「おまえのせいだ。」と妻を責める。「早く結婚でもさせろ」と言うこともあるのだろう。

当初は派遣で働いたがすぐ辞めた。父から「大学まで卒業させてやったのに派遣にしかなれないのか。」と叱責され喧嘩が絶えない。それでも正社員にはなれず、短期のアルバイトや派遣を繰り返している。

その姉、つまり娘は、フリーター。就職活動に失敗し、正社員の内定がとれなかった。だから

筆者はこういう家族を知っている。おそらく、身近に同じような家族がいて思いあたる読者もいるのではないか。この家庭は四人家族である。父親は中堅企業に勤めている。あと三年で定年だ。妻は主婦パートで近所のスーパーで働いている。息子は大学二年生。

引き下げることを見落としている。

第二に、主婦パートが非正規の大半を占める大集団であるがゆえに、他の非正規に与える影響力が大きいことを忘れている。たとえば、主婦パートの賃金が低いことが、他のパートの賃金を

どうしてもお気楽な主婦パート像から抜け出してくれない。

就業形態、どの労働者の深刻度が高いとはっきりいえない。女性は、企業でも家庭でも、家庭の事情に振り回されている主婦パートの深刻さがある一方で、とくに中年以上の男性たちの意識が、

うと決めつけることである。しかし、働く者それぞれに深刻さの内容が違うのだ。だから、どの

身になりかねないからだ。また、働いているアルバイト先の高圧的なシフト管理で消耗気味である。こうして娘は家族全員から気遣われながら、フリーターを続けている。しかし、主婦パートで懸命に働いている母親が気遣われることはない。いつも後回しだ。この家族の誰ひとりとして、非正規で働く娘が辛酸をなめている原因に気づいていないようだ。

また、結婚前とはいえ離婚率の上昇傾向から考えて娘が将来シングルマザーになるかもしれない。その時、少なくとも娘だけは主婦パートと道連れの低待遇にようやく気づくのかもしれない。だが、現在は主婦パート問題の解決を後回しにしていることで、娘が「アウト」なアルバイト人生を送っていることにもシングルマザーになった場合に高いリスクがあることも、また息子が「ブラックバイト」に片足を突っ込みながら不安な就活を始めざるをえなくなっていることに思い至らない。その父親だって、「セーフ」と思っているかもしれないが、定年後の継続雇用になると自分が低賃金に甘んじ、子を含めてその下の世代の将来をとても危うくしている。主婦パート問題の軽視は「正社員になれば解決する。」という思い込みと表裏一体なのだ。

主婦パートは他の労働者とは違うのだ、と切り捨てている限り、丁寧に問題を扱うようにみえて、とても無責任で、薄い議論になる。日本の社会全体で作り上げた主婦パートの構造そのものが非正規問題の原型であることを忘れてはならない。また、他の就業形態の劣悪な労働環境への応用はもう正社員へも及び始めてから久しい。主婦パートの問題を解決しない限り、非正規問題は解決しない。主婦パートが幸せに暮らせることこそが日本社会を好転させられるかどうかの鍵なのだ。

ついでに問いたい。この四人家族で主婦パートの母親は、勤務先のスーパーの上司から、働き方に関する満足度を問うアンケート調査用紙を渡され、「ちゃんと回答しておいてねっ。」と念押しされたら、「満足」に○を付けるだろうか、それとも「不満」に○だろうか。読者のみなさんはどう思うだろうか。

非正規社会の「真犯人」

たたかう主婦パートに着目することで、あぶり出されたことが多い。これが特殊な事例や事件ではなく、ごく日常生活で見聞きしたり経験することとつながることで、はじめて日本社会の問題としてとらえることができる。国民の多くにはそう見えていなかったのだ。

たった一人でたたかってきた坂さんは、実は「銀行の対応に感謝すらしている。」と語っている。もちろん本当に銀行のやり方をたたえているわけではない。その真意は、世間はもちろんのこと、多くの労働者、とりわけ正社員が、あるいは非正規の多くも気づかない、非正規労働のからくりを体験させてくれた、ということだろう。

では、坂さんはいったい何とたたかってきたのか。一見すると、名古屋銀行、男性正社員、パートタイム労働法、厚生年金、省庁、企業、労働組合、などのようにみえる。だが、本当に相手取ってきたのは、非正規問題の頑強な基本形である主婦パートという大がかりな仕組みである。つまり非正規問題の根源とたたかってきた。だから、坂さんの体験は、そのまま非正規労働者の「種あかし」になっている。

日本の企業は、非正規を正規と切り分けておくことで、非正規への差別を温存し、正規を圧迫しつづける。その差別が重石となって、非正規の雇用、労働条件、就業環境の向上を抑えつけている。だから労働者は「安全圏内」にいると思い込んでいる者の考え方から脱却できていない。正社員の立場なら正社員の立場でしか考えられず、それにもとづいた考え方や行動しかできない。急激な非正規化で境界線が動いて正規が崩れかけているのに、自分に振りかかることとは思わない。時に、女性運動家ですらも一枚岩ではない。女性正社員にとっても非正規はしょせん非正規で埒外なのだ。企業社会、男社会の住人である男性たちなら、なおさらそうだ。

たとえば、主婦パートが泣き寝入りすればするほど、待遇を容易に切り下げることを許す。それが別の人、実は自分の家族かもしれない労働者の待遇を下落させる。こうした恐るべき仕組みが次世代へ送られ、子どもたちにも苦境を味あわせようとしている。罪深いことだ。だが、幸いにして現世代でも企業の常套手段が透けて見えるようにはなっている。

主婦パートのからくりはもう種あかしされているのに、何度改正されても「パートタイム労働法」がこれまでと同じ実演を企業に続けさせることを許すのか。坂さんがたたかいを続け、置き忘れたものを見定めることで、どう改正すべきかを発見できるはずだ。

そう考え込んでいるうちに、丸子警報器裁判の最中に病没した内田元書記長の夫人でずっと正社員で働いてきた内田紀子さんの退職のあいさつをする姿がよみがえってきた。幾度となく訪問した丸子警報器労組の事務所だが、筆者には忘れられない日のシーンである。この体験が象徴するように、原告団のメンバーだった臨時社員組合員も田村さんや滝沢さんら数人を残すのみで、また同時代の正社員組合員たちも吉池恵子さんらを除けばほとんどが引退した。集団でたたかってきた丸子警報器原告団の主婦パートたちは、一体何を露わにしたのか。

二〇一五年、原告団のメンバーたちは口々に、賃金差別を次の世代に持ち越したくなかった、と語る。だが、持ち越したくなかったものは、賃金格差自体ではない。性別役割分業から派生し、男女の賃金格差を経て、正社員と同じ仕事をしている非正規労働者の低待遇につながる一連の差別連鎖だとくみ取るべきだろう。つまり、差別連鎖を自力で崩して勝ちとった体験者である主婦パートたちの切実な助言なのである。

現在もＪＭＩＵ（現ＪＭＩＴＵ）のＯＢとして地域の労働相談を続け、支援のためにあちこち駆け回っている塩之入さんは、労働者たちと直接に接しながらいつも思っている。「俺が現役の時の非正規より、ずっとひどくなっているぞ。」「労働組合は何をやっているんだ。」

非正規問題に立ち向かう労組は、主婦パートたちの希望をもっと重く受け止める必要がある。非正規問題の本当の解決策は、労使交渉で非正規労働者の賃金を上げることでも、最低賃金を引き上げることでもない。労働法を若干整備してもだめだ。もちろん、それらの取組みは無効ではないが手順が違うから焼け石に水だ。たとえば、二〇一五年は最賃が記録的に大きく改善された。

だが、正社員の賃金も上がるから格差を縮めることはできず、土台を壊すわけではないので肝心の格差を解消できない。

賃金格差を本当に消失させたいのなら、その源流にある性別役割分業を通じた女性差別の根絶を優先すべきだ。組合員としてたたかった主婦パートたちが現在の労組に突き付けるのはこの点だ。性別役割分業に愛着し肯定する役員がいたり、それと整合する制度を放置するなど、日本社会の基本形への幻想に忠実な労組には非正規問題を解決する資格はない、と自覚することがスタートラインである。あるいは、あなたが日本の夫婦の役割ってそういうものだ、と考えているのなら、非正規問題を生み出している犯人の一人は、非正規問題の解決に心を砕いているはずのあなたなのかもしれない。

特別付録

〈当事者が語る〉

第四章と第五章で登場した方々は、筆者の取材時に様々な意見を述べている。本書の内容をもっとリアルに理解したい読者のために、ぜひ本人たちの「声」を届けたい。

【坂《ばん》喜《き》代《よ》子《こ》さんが語る】

怒りの発火点

私は一九五二年に鹿児島県で生まれた後、祖父母に育てられていました。兄弟は五人で、私は次女です。農協の組合長をしていた祖父の兄の薦めで、高校は鹿児島市内にある女子高の商業科に進学しました。武道が大好きで、鹿児島県警の武道館に合気道を習いに行っていた活発な女の子でした。卒業後は、建設会社を経営していた両親と一緒に住むために、神戸市に就職先を決めて移り住みました。

結婚したのは一九七三年で、二一歳の時でした。愛知県東海市の農家に嫁ぎました。しかし、農作業や同居していた夫の家族からのまるで昭和初期のような嫁の扱いに戸惑い、思い悩んだ挙句に、会社員をしていた夫と家を出て名古屋市へ転居することにしました。ところが、引越先は当時市内で「公害の町」といわれた地区でした。

長女を出産したことを契機に、ぜひとも環境の良いところに住みたくて日本住宅公団の抽選に応募し続け、当選した愛知県豊明市二村台の団地へ移りました。もちろん、隣近所は知らない人たちばかりです。

そこで、子どものためにも、そして自分のためにも保育園に通わせて、子どものお友達や自分の友人を作ったほうがよいとの判断から、パートタイマーとして働くことを決めました。そして、一九七九年、新聞のチラシをみて応募した名古屋銀行（旧名古屋相互銀行）豊明支店に採用されました。住んでいた団地と保育園と銀行は徒歩五分圏内だったので、当初は仕事中に子どもに何かあったらすぐに保育園に駆けつけられるし、昼食を自宅ですませることができて喜んでいました。

しかし、これらの好条件の裏に、日本の高度成長と合理化の波に翻弄され、主婦パートとしてたたかわねばならない人生へ切り替わったきっかけが潜んでいたのです。仕事量が増えてからは、保育園に二人の娘を迎えに行った後に再び銀行に戻り、ロビーで遊ばせながら仕事を続けたこともあります。また、決算期に、長女が四〇度近い高熱を出したことがありましたが、保育園を休ませ自宅で寝かせた娘の枕元に電話を置いて出勤したのは、主力オペレーターとしての責任感からでした。

私には、こうしてがんばって仕事をしてきたという意地と自信があります。しかし、過酷な仕事を続けるうちに身体に変調が起きました。その時の銀行側の対応には本当に驚いてしまいました。身体をすり減らすように働いた人間に対して、「ボロぞうきんのように使い捨てにするのか。」という銀行に対する怒りが湧いて、私にはどうしても納得することができませんでした。怒りの発火点はここにあります。

この後、数十年も怒りをたたかいのエネルギーに変えながら生きることになるとは、普通の主婦パートだった当時は考えてもいませんでした。しかし、現実には、驚くべきことに、ようやく職場復帰してきた私に対して、今度はパワハラやいじめが連綿と続きました。それらと徹底してたたかい、労働条件の改善のために声を上げ続け、とうとう銀行の人事部の課長に「叩けば叩くほど強くなる人だね。」と言われるほどになりました。

しかし、私は本当はそんなに強くない人間です。どうしても、真面目に働く主婦パートに対する銀行のひどい扱いを許せなかっただけです。だから、いくらつらくとも、泣きたくなっても、銀行の行員出入り口に入るときに、「どんな酷い目にあっても命までとられることはない。」と自身に言い聞かせて乗り切ってきました。

「誠実にどんな仕事も断らないで気持ちよく受けよう。」「どんな人にも大きな声で挨拶をしょう。」と常に心がけて私は働いてきました。それは、仕事を取り上げられて何もさせてもらえない時期があったり、職場のみんなに挨拶しても無視された経験をしているからです。このような体験が後に結成するユニオン等の労働相談にとって非常に役立ったことはいうまでもありません。振り返ってみると、自分だけでなく、主婦パートや非正規労働者のために活動を続けることができたことに誇りを持っています。そして、むしろ、その原動力となった私に対する銀行のすべての対応に感謝したいとすら思う自分がいます。

私のことを書いてくださったこの本を通じて読者のみなさんに改めて主婦パートという働き方

と「パートタイム労働法」について考えてもらえたら、うれしく思います。
そろそろ私のたたかいを振り返っていきましょうか。

労災認定

労災認定の闘争が始まろうとしていたときに、姑が肝臓がんの末期症状で、豊明市から東海市に戻ってきました。長女が豊明の小学校に入学して夏休みが終わる八月三〇日です。転居した荷物も片付けることができないほど忙しくなりました。九月から東海市の大田小学校に転校した長女は、登校二日目から登校拒否となり、毎朝、嫌がる娘を学校に引きずるように連れて行き、運動場で親子が泣いたこともありました。姑の病状も日に日に悪化し、病院へ日参しなければならないのに、畑には出荷を迎えたトマトなどの夏野菜が山積みで、田んぼには稲刈りが待っていました。

自分の体調も芳しくないのに、労災闘争が始まったのですが、夫の親戚からは、田舎の長男の嫁として多くのことを要求されました。亡くなった姑の葬儀は自宅で行なわれ、翌日からの一週間は、夕方六時から親戚や近隣の人々が自宅に集まり、お念仏が続きました。

こんな目が回るような忙しさのなか、一人でも多くの人に労災の署名をしてもらわなければ、とできる限り活動しました。労災認定を決した自己意見書の作成は、私はもうボールペンで字が書くことができない病状だったこともあり、安藤巌議員の秘書で、後に愛知県議となる林敏文氏からおしみない協力をいただきました。

約半年間の労災認定闘争でしたが、労災認定が決まった時、監督署の署長に、思わず、「本当ですか。」と何度も確かめて胸が熱くなり涙が出たことを覚えています。自己意見書の添付資料として提出した伝票の総タッチ数をカウントしてくれたのは一緒に働いていた女性行員でした。あらゆる手を使って労災隠しをする銀行のなかにも善意で協力してくれる仲間がいたことは本当に心強かったものです。

笑い話もあります。たとえば、ある新聞記者から労災闘争について取材依頼があった際に「そんな嫁はおりません。」と姑が受け答えたのを後から聞かされ、苦笑したものです。新聞に載るということは悪いことでもしない限りありえない、と信じていたようです。

また、労災認定に協力を惜しまなかった人たちの代表者に「いくらお支払すればよろしいのでしょうか。」と真面目にたずねてしまったことも今となってはよい思い出です。当時、共産党への誤解もあって、どれくらい支払いが必要になるのだろうか、と勝手に悩んでいました。やんわりと辞退されて、世の中にはこんな人たちもいる、捨てたものじゃない、と目から鱗が落ちる気がしました。

労災認定が新聞に載ってから、地域の対応が変わってきました。生活相談が舞い込み始めたのです。タクシー運転手の人から「髭をはやしたという理由で解雇された。」とか、近くの小学校の父母から「土佐犬の犬舎が通学路沿いにできるのでなんとかしてほしい。」とか。さっそく、タクシー運転手には労働相談先を紹介し、犬舎については村人たちの署名を集めて愛知県に陳情を行なって、八割まで建設が進んだ段階で中止させました。結局は取り壊しとなりましたが、直接陳情に行ったことで町内会長に恥をかかせた格好になり、村八分にされそうになりました。

また、企業が関与する刈谷生協しかなかった東海市へ、名古屋勤労者生活協同組合（めいきん生協）を誘致したり、医療生協の活動として、自宅に母親と乳幼児を集めて地域の学習会を始めました。

活動を聞きつけた農協の課長からは「東海市で朝市を始めるので協力してほしい。」と頼まれ、近隣の女性たちに声をかけて野菜の朝市を始めました。金曜日の夜に自宅車庫に野菜を運びこみ、土曜日の朝に軽トラックで農業センターまで運んで販売するのです。私が近くのスーパーマーケットを下見してから、小売する野菜の作り方や値段付けから、販売方法に至るまで指導しました。そのかわり、年上の女性たちから、郷土に残る漬物の作り方や保存方法など、生活の知恵が満載された多くのことを教わりました。野菜の売上げの一パーセントを積み立ててみんなで繰り出す日帰り旅行が楽しみでした。

こうした交流は銀行でいじめに耐える私を癒してくれました。そして村八分にしようとしていた町内会長の奥さんまでが「あんたが朝市に声をかけてくれたから生きがいができた。ありがとう。」といってくれたのです。誤解は一時だけで、何事も正直にやっていれば必ず解けるものだと実感しました。

しかし、企業はそうはいきません。労災認定闘争の矛先が夫にまで及ぶとは想像していませんでした。銀行は夫が勤めていた運送会社の親会社に働きかけ、「活動家のいる会社はいかがなものか。」と取引停止処分をねらっていたのです。しかし、正義感がある勤務先の社長は、夫のこともよく知っており、「そんな人間ではない。」と事実を話してかばってくれました。「ここまでやるのか。」とつい独り言が出て、企業の恐ろしさに身震いしました。

職場復帰からユニオンへ

銀行に職場復帰できた初日は不安が一杯で、職業病患者会の代表に付き添われて出勤しましたが、再び苦難のスタートとなりました。まず、休職期間中に長男を出産したのですが、銀行は、意図的に手続きをごまかして分娩給付の支払いを渋り、またもや労働基準監督署から指導が入っていました。恥知らずな企業のやり方は変わっていなかったのです。

復帰当時、高校生になった次女と名古屋駅で待ち合わせて帰宅していました。帰路で「お母さんは今日も何も仕事がなかった。」と話し、娘は黙って聞いていました。後に成長した娘が「その言葉を聞くのがとてもつらかった。」と打ち明けてくれました。「いじめられるから、お母さんは仕事を辞める。」なんて親として言えませんでした。

心因性急性じんましんが始まる直前に書類を投げつけてきた男性は、身体障害者の方でした。多くの企業が障害者の雇用率を達成するよう求められるなかで銀行も例外ではなく、本店でたくさんの障害者が働いていました。雇用が不安定な立場の弱い障害者を介しての嫌がらせは、とてもこたえました。後に組合活動で救った障害者のことでもそうですが、銀行が巧妙に事を運ぼうとすればするほど、心が痛む職場環境を作り出していました。

そうした銀行の職場環境に関連した忘れられない記憶のなかに、名古屋銀行の痛ましい自殺事件が二件ありました。名古屋ふれあいユニオン時代の労働相談中に、私が受けた電話で、名古屋銀行の渉外係が自宅マンションから飛び降り自殺したと知りました。自殺者は東京の有名な大学を卒業した後に入行し、真面目に働くだけでなく、頭取表彰を受けたことがある優秀な若者でした。支店で長時間にわたり支店長と次長に叱責された翌日、仕事を休んで病院へ行き、自宅のマンションに戻ってご両親に電話をかけた直後に飛び降り自殺したそうです。まだ結婚したばかりで、ゼロ歳児が一人いました。

もう一件は、総務部の男性正社員で、早朝に本店の九階のトイレから飛び降り自殺しました。くわしいことはわかりませんが、職場で自殺するということは、企業に対して恨みがあったのではないだろうかと思います。組合運動を続けながら、永年勤続していると様々なことに遭遇するものです。

新聞で一九六五年五月の「コミュニティ・ユニオン全国ネットワーク」の集会の分科会（おんなたちのトーク・トーク・トーク）を知った私は、解雇されそうになった主婦パートを誘って参加しました。私たち二人が話した解雇撤回闘争の体験談を耳にした全国の女性運動家たちは

「え？ 名古屋でそんな闘いをしてきたの？」と驚いていました。

活動の転機となった名古屋ふれあいユニオンの立ち上げの時に、私の当事者性に目をつけて誘ってくれたのは、コミュニティ・ユニオン全国集会の様子を新聞記事に書いた近田澄江さんです。本店近くの喫茶店で私を待ち伏せしたり、東海市まで足を運んで「地域ユニオンを一緒に立ち上げよう。」と熱心に語る近田さんにとうとう根負けしました。その後も団交を通じて、大切なことを実践しながら教えてもらいました。悩み苦しんでいる相談者には寄り添って、悪質な経営者には絶対引かないという強い信念が感じられました。

名古屋ふれあいユニオンは、数人の組合員でスタートしましたが、日増しに大きくなり組合員は約六〇人となりました。二年目からは私が委員長になりました。名古屋ふれあいユニオン委員長になってから、銀産労から「中央執行委員になってほしい。」と打診がありました。これまでの恩を感じていたので従いましたが、すぐに違和感を持ちました。パートタイマーや女性に関する議題を提起しても取り上げられません。お飾りの執行委員に嫌気がさしたのです。それまで見えにくかった、男性中心の組合運動、男性中心の価値観を痛感し、中央執行委員になって半年で銀産労を脱退しました。しかし、名古屋ふれあいユニオンに戻っても、やはり銀産労と同じように男性中心の活動の弱点をユニオンが抱えていることが見えてきました。できあいの組合のなかの女性組合員や組合役員ではだめだ、女性のためのユニオンを作りたい、と考えるようになり、それが女性ユニオン名古屋の立ち上げにつながる原動力になりました。

なお、名古屋ふれあいユニオンを立ち上げてから、年に一度全国各地で開催されるコミュニティ・ユニオン全国集会にも参加するようになりました。北は北海道から南は鹿児島まで様々な地域ユニオンが活動していることを知りました。また各ユニオンの闘いの報告などは参考になる事例ばかりで、交渉のやり方や解決方法など多くを学びました。多種多様なネットワークが広がり、たとえば、スイスのＩＬＯへ五回訪問しましたし、西欧や北欧の諸国をはじめ、韓国、ニュージーランド、アメリカなどの労働組合との交流や社会保障の調査にも積極的に出かけるようになりました。

正社員化要求

名古屋銀行本店では、他にも数知れず男性正社員、あるいは管理職の仕事をしていました。たとえば、キャッシュカードを顧客の住所に送っても、届かずに返送されてくる場合が多いのですが、その理由の調査や対応などこの後の綿密な処理はとても重要な仕事でした。だからこそ、ずっと課長が担当していました。しかし、その仕事を私に担当しろと指示され、言われるとおりにやってきました。課長の仕事をしてきたのにそう主張したら否定されるなんて、とても納得できるものではありません。

ちなみに、休眠口座の仕事では、県内の著名な政治家が休眠口座を持っていることを偶然知ってしまったことがあります。そこで連絡するよう上司に進言したところ、銀行のルールだといって拒否されたのです。きっと何かの間違いで休眠口座になったのでしょうが、ご本人のお金が知らないところで銀行のものになってしまうのです。そのお金はその人のものではないでしょうか。
休眠口座は銀行にとって大事な利益となること自体がおかしなことです。外国ではその資金を個人に戻せないとしても、銀行のものとしてしまわないで社会的に貢献する組織や団体に回し、社会に還元するという有益な例があるようです。日本の銀行制度には改善すべきことがたくさんあると思います。

正社員化の要求をはじめた頃、銀産労や名古屋ふれあいユニオンの活動をしながら、コミュニティ・ユニオン全国集会に参加するようになりました。そこで、職場でたたかっているのは自分だけではない、と確信することができました。また、たくさんの人たちに励まされました。そうした仲間たちと泊りがけで開く集会には、有意義な講演や分科会が企画されており、夜になると、飲んだり食べたりしながらユニオンの悩みや職場の不満を本音で語り合えました。小規模のユニオンだとしても大きな争議になるとネットワークの力で解決することが度々あり、やはり数は力なのだと実感しました。自分だけで悩みをかかえるだけでなくできるだけ前に出て、話を聞いてもらうことが大事です。

当時、この全国集会に参加していた常連の女性たちは、東京を活動拠点とする酒井和子さん、伊藤みどりさん、大阪の上田育子さん、京都の屋嘉比ふみ子さん、神戸の中谷紀子さん、横浜の榊原裕美さんたちでした。

集会の思い出では、上田さんが、大阪で開いた「パート集会」に招かれた中野麻美さんの講演を聞いたときの感動は今でも忘れることができません。パートタイマーの立場や気持ちがこれほどわかっていて、熱意をもって本気で非正規女性の問題を解決しようとする弁護士が他にいるでしょうか。この時の講演内容のテープの反訳を志願して、「そうだ。そうなのよ」と頷きながら、しっかりと講演記録を作成しました。

交流をはじめた屋嘉比さんは、「京ガス男女賃金差別裁判」の原告としてたたかっていて、集会や学習会、署名活動でよく顔を合わせました。ガス工事会社というマッチョな男たちの職場で、ひとり仕事をしながらたたかう彼女の話を聞いて衝撃を受けました。

私が銀行で受けているいやがらせの比ではない、犯罪ではないかと思えるような陰険な攻撃に負けない姿を見て、進んで京都地裁へ応援に出かけるようになりました。二〇〇一年のこの事件の判決当日に、「同一価値労働同一賃金原則」を実質的に認めた勝利判決の裁判長の言葉を聞いて、鳥肌が立ったのを昨日のことのようによく覚えています。

さて、主婦パートの立場で働く身からしても、パートタイマーの厚生年金保険はひどいものです。厚生年金は女性が男性正社員の稼ぎに依存する設計のままです。主婦パートは、厚生年金に入って保険料を取られて損だと言っている場合ではなくて、女性は自分で年金に加入できないほどの低賃金でよいとの押しつけを受け入れている自分に気づくべきです。

しかし、厚生年金に入っていた私にときどき「ぜひ年金加入の意義を話してほしい」とお声がかかりますが、とてもおすすめできません。私には近隣に住む仲のよい女性がいます。スーパーで働いている第三号被保険者ですが、年金について教えあってみると、私の厚生年金の支給額は、かなり損をしていることに気づきました。

その一方で彼女は、勤務先のスーパーのことをよく考えて一生懸命働くだけでなく、時間外に他社の店舗視察までやって自分の働き方に反映させています。それなのに、五五歳で賃金を下げられたり、上昇しない賃金で新人の教育や発注など次々に大きな責任を持たされているのです。年金制度そのものを変えない限り、非正規の問題は何の解決にもなりません。

団体交渉

働く女性の全国センターが結成されたのと同時に中部地方の女性労働問題の受け皿として発足した女性ユニオン名古屋が、改正「パートタイム労働法」でパートから正社員になる事例をつくることは、とても重要な意義のあることでした。当初、この「パートタイム労働法」に該当する要件を満たしているのは私だと自認していました。長年の差別的な待遇にピリオドを打ち、ようやく誇りを持って働けるようになるかと思うと胸がワクワクしました。

当時は「パートタイム労働法」にもとづいて正社員化にこぎつける人は、一％とか三％とか言われ、正社員なのに正社員になれない「幽霊」という失礼な呼び方があったのです。パートタイマーを「幽霊」のままで放置しないで、法的に正社員になれるのなら、ぜひそうすべきだと考えました。また、正社員化の風穴を開け突破口を開くことが、全国センターやユニオンの組織を拡大にもつながると確信しました。そこで、働く女性の全国センターのメーリングリストで名古屋銀行の団体交渉への参加の呼びかけをしました。それに応じて女性ユニオン東京の望月さん、おんな労働組合の屋嘉比さん、均等京都の嶋川さん、但馬さん、遠藤さん、笠井さん、ユニオン大阪の小田さんらが団交へ駆けつけてくれました。

一人でも十二分にたたかえる女性運動家が一堂に集まってきたのです。壮観で爽快でした。心の中で「してやったり。なめるんじゃないよ。私たちの有能さを十二分に見せてあげるわ。」という気分でした。何十年振りの恨みつらみが一気に晴れた思いがしました。いつもはふんぞり返っている男性正社員全員がたじたじでした。まるで、幼い子どもが初めてナマハゲ（秋田県）を見た瞬間のような驚きと恐怖の態度に笑いをこらえるのがたいへんでした。

男性正社員たちの顔から冷や汗がふき出し、正面を向いていた身体がだんだんと斜めになり、もう帰りたいよ、逃げ出したい、という様子を録画しておかなかったことが残念でなりません。現在ならその様子を動画として配信でき、それをみたブラック企業にも遠慮がでてくるかもしれません。

さて、嘱託制度と転換制度の導入など、団交の開始を知ってからの銀行の動きは素早いものでした。団交の谷間にパートたちへ意向確認書を配布し、パートタイマーの説明会を強引に割り込ませて開催しました。私自身は、この制度を利用して将来は正社員に転換したい意向を記しつつも、この制度が「パートタイム労働法」の趣旨に反するものであることをびっしりと自由記入欄に書いて、説明会を後にしました。

また、団交の合間の二〇〇七年七月から一年間の契約更改時には、私のこれまでの長期の契約更改が事実上無期雇用に転じているのに有期のままであることや、パートタイマーの慶弔休暇が無給であること、さらにはパートタイマーに退職金が支払われないことなど、多くの異議文書を付して、雇用契約書に署名しておきました。

それにしても、転換制度という奥の手には驚きました。最短四年で正社員というのですが、その制度に乗ってしまうと、わたしは四年後に定年を迎えるのですから、正社員化を断念することになります。つまり嘱託制度は、「絵に描いた餅」であるだけでなく、わたしに「もう、あきらめろ。」という意味を込めた「坂喜代子対策」だったのです。しかも、団交で四年間に設定した理由を聞くと、銀行側は「思いつきです。」と回答して、団交参加者の全員を唖然とさせました。これには本当に呆れました。卑劣な挑発ならたしかに腹は立ちますが、それ以上に、銀行人事マンの意識と能力の問題なんだ、と改めてがっかりしました。当人は労働者のことはもちろんとして、女性活用も放棄しているのですから銀行のことも考えていないのです。

意識が幼稚なのは人事部だけでなく、トップもそうでした。第四回団交では、正社員化とは別に、名古屋銀行の行内用ホームページに掲載された会長メッセージの件も取り上げました。「オバサンについて」と題する行員向けに発信されたこのメッセージは、「オバン、オバタリアン」

「老人介護の施設とか障害者の人たちのお世話をするとき家事労働のノウハウがそのまま生かされる。」「肌のつやとか、張りとか、体形も変わってくる。」「女性らしさの維持を放棄」「女性のトイレが混雑すると男子のトイレにオバサンが入ってくる。」「恥ずかしさがなくなると堂々とできる。」など、女性差別のオンパレードでした。また、ホームページを使って発信したこと自体、数多くの女性の心を不快なものにして、しかも証拠として残るものでした。

この会長メッセージは銀行全体の意識がどういうものかを示す象徴的な事件だと思います。さっそく団交で謝罪を要求しましたが、メッセージはすぐ削除されたものの、謝罪はありませんでした。ただし、その後ホームページに会長メッセージが掲載されることは二度とありませんでした。

「パートタイム労働法」

二〇〇二年のＩＬＯロビー活動は本当に盛り上がりました。酒井和子さんら均等待遇キャンペーンを展開してきた全国の仲間と国際労働機関ＩＬＯに訴えた内容が、日本政府に対するＩＬＯの勧告文のなかに盛り込まれていたのです。パート条約である一七五号を批准していない日本に対して男女の労働実態調査を報告するように求めた内容でした。

その後、愛知県労働局雇用均等室が名古屋銀行に調査に入ったと団体交渉で聞きました。私は、そのヒアリング内容からみて厚労省がＩＬＯ勧告に従って調査したのだろうと考えています。Ｉ

ＬＯが私たちの訴えを誠実に受け止めてくれる国際労働機関であることをロビー活動で知りました。しかし、いまだに日本政府は一七五条約を批准していません。あきらめずにあらゆるところでパート労働の実態を訴え続けていくことが大事です。

さて、私が名古屋銀行との団体交渉で使おうとした職務評価の作成では、屋嘉比ふみ子さんと居城舜子さんに協力してもらいました。とくに屋嘉比さんは自前の職務分析を裁判で活用して勝訴をもぎ取った経験をもつ強力な助っ人でした。二〇〇七年の改正「パートタイム労働法」の附帯決議は職務評価について触れています。しかし、厚労省には職務評価をする物差しがこの時点ではできていませんでした。二〇一〇年に遅ればせながら出てきた厚生労働省の職務評価も、経営者の意に沿うもので、私たちパート労働者が考える職務評価とはかけ離れたものです。

二〇〇八年四月の改正「パートタイム労働法」が施行された後に、雇用均等室と三回の交渉を重ねました。交渉がはじまると、まず、努力義務の条文には強制力はない、との弱腰の対応に驚きました。そこで、義務規定の条文の意味を問いただすと、沈黙するか条文を読み上げるだけになり、驚きは失望と落胆に変わりました。雇用均等室が独自に判断できるはずの一三条の福利厚生条項でさえもそうなのです。

そのため、二二条の調停に持ち込むのが可能かどうかをふまえ、私の雇用実態にもとづく形で各条項に関して具体的に質問しました。改正「パートタイム労働法」のどの条項が私の均等待遇を実現してくれるのかを知りたかったのです。

しかし、八条の差別取扱いの禁止は二〇〇八年四月一日以降にいわゆる三要件を満たしているものが対象となるので過去にさかのぼって適用しない、との回答でした。これでは要件を満たしても差別対象になる法律になってしまいます。また、職務内容の同一性については、業務の内容および責任の程度の異同が問題となり、権限の範囲が違うなら責任も違うから職務内容も違う、との回答でした。これでは職務内容が同一にならない仕掛けの法律になるし、附帯決議は有名無実になってしまいます。

なお、愛知県内で改正「パートタイム労働法」八条により均等待遇を実現できたパートタイマーはゼロ、転換制度によって待遇改善となったのは二例のみ、さらには、厚労省から各都道府県へ是正や改善されたパート数や事例数を調査するような動きはまったくない、との回答を聞いて暗澹たる気持ちになりました。

こういう回答を繰り返すならば、「パートタイム労働法」の趣旨に反する機関を設置しているので、雇用均等室の名称も、そして存在そのものにも疑問を感じずにはいられません。「パートタイム労働法」の後押しをしてもらわなければ、また、最低でも附帯決議の範囲内の仕事をしてもらなければ困るのです。たしかに法律の内容や厚労省の決定は確実に地方へ伝達されます。しかし、肝心の実行力がなければむしろ有害です。一言でいうと弱腰というより逃げ腰の役立たずで、雇用均等室の対応の冷たさはいまでも忘れることができません。

今回、渋谷さんから取材を受けて、改めて振り返ってみると、私はずっと裁判を念頭において仕事や活動をしていました。「パート労働者の裁判をやれる条件の人は坂さんだけよ。」と、画期的な勝訴をめざして裁判をすべきと背中を押してくれる人。今の日本の裁判ではパート労働者が正社員化を求めても勝ち目がないと冷静に敗訴を予想して、裁判はするべきでないと言う人。この二つの助言の間で、私は揺れ続けました。

法律の不備や支援体制のことについて聞くうちに私がもっとも恐れたのは、人格攻撃ともいえる企業側の裁判中の主張でした。勝たせまいとする企業側からの耳をふさぎたくなるような人権無視の陳述は、知人の裁判を傍聴した時に何度も耳にしました。裁判でボロボロに傷つけられる原告の姿に、自分は耐えることができるかどうか、と非常に悩みました。結局、裁判に踏み切れなかったのは、「これ以上傷つきたくない。」という気持ちがあったからでした。

参院選出馬

二〇〇九年の政権交代をかけた歴史的な衆議院選挙に立候補の打診があったときは、頭が真っ白になりました。どうして主婦パートの私に白羽の矢がたったのかを聞きに社民党の方にお会いして、考えさせてほしいと返答してからの二ヵ月間は神経性胃炎になるほど悩み続けました。

毎日のように均等京都の嶋川まき子さんに電話して苦しい胸の内を相談して、ついに「やらないで後悔するよりは、やって後悔するほうがいい」と自分に言い聞かせるようになりました。しかし、選挙では、立候補者はもちろんのこと家族全員のプライベートが露わになると聞いたので、別居していた子どもたちに迷惑がかからないようにと選挙が終わるまでは電話もしませんでした。

選挙告示日には、名古屋銀行本店前で社民党のたすきをかけてマイクを持ち第一声を発しました。出勤してくる同僚、上司、役員たちに片っ端から握手をしたり、各支店にも支援の要請に行きました。

リーマンショック以後、製造業が中心の東海地方では、「派遣切り」が始まっていました。街宣中でも次々に寄せられてくる労働相談に携帯電話で対応しているうちに、雇用が破壊されていることを実感し、政治に対する怒りがこみ上げてきました。

愛知、三重、岐阜、静岡の東海四県下で開かれた集会やくまなく回った街頭演説で雇用問題の深刻さを訴えてきました。非正規で働く労働者の現状や、処遇や職場の実態、ユニオンでやってきた労働相談や多くの取組みなど、さらには労働法の不備や海外の参考事例を話しました。街頭演説の方法や労働分野以外の社会問題は、無党派で豊明市会議員の山盛さちえさんにレクチャーしてもらいました。

演説していると「仕事がない。」「癌の手術後で再発が心配だが治療費が払えないので病院に行けない。」「年老いた妻を介護している自分もいつ倒れるか不安です。」「年金だけでは暮らしていけない。」など多くの声を直接聞くことができました。私は、「働くことは生きることです。働くことを守ろう。」と訴え続けました。勤労は生命と直結していることを今まで以上に実感し、また生涯を政治と切り離して考えることができなくなったのを強く意識しはじめたのがこの選挙でした。

一方、立候補によって、女性ユニオン内ですら、同じ目的のために活動していても支持政党が違うため全員が支援することにはならないことを知りました。これがスウェーデンのような北欧と違うところです。委員長が政党名を明らかにすることは、組合全体がその政党を支持していると誤解されるということでした。女性ユニオン名古屋では委員長を松井由美子さんへ交代することで立候補を了解してもらいました。松井さんが断っていたら女性ユニオン名古屋は存続していなかったかも知れません。

また当時は担当していた働く女性の全国センターの運営委員を降りるように言われたことも本当にショックでした。支持の要請をしたわけでもなく立候補する意向を伝えただけでしたが、残念でなりませんでした。

六〇〇万円という大金がないと国会議員に立候補できません。政党が資金を出してくれるか、よほど裕福な人でないと立候補できないのです。政党の方から立候補の要請をしてきた機会があれば、自分たちの政策実現のために、政治の土俵にのることが初めの一歩ではないでしょうか。

これからは、世の中を動かす原動力になる女性がどれほどいるかにかかっています。國學院大學の本田一成さんの『主婦パート　最大の非正規雇用』（集英社新書、二〇一〇年）は、類書がないのでとても勉強になりました。主婦パートたちはもう大卒が多く、ほとんどが正社員経験者で、企業社会のことを知り尽くした集団になっているとの分析が新鮮でした。しかし、そうならば本田さんは、将来のたたかう主婦パート候補向けに、高校や大学で基礎的な労働教育をしたり、大学の専門教育として実戦的な労働法やユニオン活動を教え込むことが重要だと主張すべきだと思います。

さて、私は、自由自在にたたかってきたかのように誤解されることがありますが、絶対に業務上のミスをしないようにと緊張の連続で働き続けてきました。ささいなことでもミスをすれば、すぐに攻撃材料にされることが目に見えていたからです。また、銀行から目を付けられているわけですから、私と話をしたりランチをとるにも、その人が攻撃されないかと距離をとってお付き合いしました。

しかし、同じ主婦パートとして働いていた同僚から小さく折りたたんだ手紙をいただいたある日のことを忘れることができません。「三〇歳を区切りに正社員として働きたいので退職します。坂さんがいたから安心して働いてこれました。ありがとうございます。」嬉しいことです。最初の労災認定で活動家たちに助けられてからは、これから自分のことだけでなく他の人も助けるぞ、と決心して働いてきました。同じような手紙を受け取るたびに、少しは恩返しができたかな、と思う瞬間があります。

ぜひとも読者のみなさんのご意見もいただきたいと思います。私は女性ユニオン名古屋の委員長を続けていますので、困ったことがあれば連絡をお待ちしますし、いつかお会いできればと思っています。

【塩之入安男さんが語る】

私は旧武石村の出身で農家の五人兄弟ですが、姉や妹だけの一人息子でした。高校を卒業して丸子警報器へ入社した当時は、農村青年が都会へ流出しはじめて過渡期に入った青年団を立て直すために、団長として白羽の矢が立ったようでした。スポーツで誘われ入団した青年団は、俗にいう「お祭青年団」でスポーツと敬老会等で民謡を踊ったり楽しんでいました。あるとき他町村青年が集う郡の青年研修会に誘われ、他の青年団と接する機会がありました。沖縄や安保のことを真剣に語るみなさんに感銘を受けて、さっそく村に帰ってからの会合で、「このままの青年団でいいのか。」と発言したら、二二歳の時に団長にされてしまいました。その後、武石村、丸子町、青木村など九つの町村で構成する小県郡青年団の団長に就任し、さらには長野県連合青年団の副団長にまで担ぎ出されました。

従業員組合時代に、依頼されせっかく自分が書いた原稿が、委員長の検閲で機関紙に掲載することはできない、と聞いた瞬間に頭に血が上るのがはっきりとわかりました。

それ以降、要求もしなければ団交もせず、会社のいいなりの従組には関与しないと心に誓いました。ですから、大会への招集があっても他の用事を優先させ、出席しないことが多々ありました。従組の役員は帰ってしまう人が多く、正門で出席するよう呼びかけたりしても組合員が集まらず大会が流会になったりして困っているようでした。

それでも強引に来てくれと大会に連れ出されたことがあり、つい「来年度一年間の方針について説明して下さい。」と質問すると、従組の役員たちは、「えっ、そんなことを聞かれたこともないよ。」「さあ困ったぞ。」とか言っているだけでしどろもどろになりました。その姿をみて、本当に情けなくなりました。自分がやっている青年団のほうが年間方針や総括などみんなとのやりとりがあり綿密に決めてきちんと運営されていました。

大会資料は紙切れ一枚で、来年度の予算とやらも、野球部・卓球部・文化部にいくら、などと書かれた数字をそのまま承認するだけでした。出席者の多くがつまらない退屈な時間だと思ってか、その紙で折った紙飛行機を飛ばす光景がしばしば見られました。

労組になってから、賃上げ、一時金などこれまでの分もとろうと交渉を始めたら、社長は徹底的に拒否戦術にでてきました。なお、あまり知られていないことですが、七四春闘の要求書には当時はまだ組合員ではなかった臨時社員の待遇改善も入れていました。

社長が雲隠れしてしまい、連絡もとれないと会社の役員たちも困っていました。団交を避けるのが目的だったのですが、そんな会社が従業員を私物のように扱う行為にみんながあきれ果てました。その半面、賃上げに関しては長野トヨタやトヨタ自動車の意向を非常に気にしている様子がわかりました。目立つ賃上げをすれば、納入する部品の単価を下げられる恐れがあるのも、下請け企業の悲しさの一つなのです。

このストライキには反対意見もあったのです。しかしみんな会社に不満を持っていたので、「ストをやれ。」「やるべきだ。」と勇ましい意見が膨らんだところまではよかったのですが、いざ決行した初めてのストライキに多くの組合員は真っ青な顔になり非常に緊張していたものです。「大丈夫だよ。しっかりやろう。」と励まして、労働基準法の本などを買い込んで労働者の権利などについてみんなで熱心に勉強しました。また、夜になるとこっそりと労組役員たちと人気のない山奥に行って、シュプレヒコールやデモでのスクラムの練習もしました。

いま振り返れば、ストライキ中には面白い体験もありました。まずは、アルバイト体制です。スト中は当然賃金が出ませんから困りましたが、怖いものなしの弾けるような若さもあって「みんなで手分けして就労すればいいぞ。」と出かけて行きました。アルバイト先は、新しく造成されるゴルフ場やリンゴ園での作業とかトラックの運転手などでした。アルバイトだけだとつまらないので、河原に集まって炊き出しをして、みんなでご飯をほおばりながら話し込んでいるうちにますます一体感が生まれてきました。

また、こんな経験もしました。スト中は会社側が労務の提供がないことを理由に食堂に鍵をかけてロックアウトしているのですが、見に行ったらなぜかドサッと鍵がはずれて落ちてしまいました。こうして無事に入り込むことができ、食堂が使えずがっかりしていたみんなを呼び込んで集会を始め、金属業労働者の争議を描いた映画『ドレイ工場』の上映会までやっておおいに盛り上がりました。会社からは、食堂に不法に侵入したと警告書がきて苦笑したものです。あわてていて鍵をかけ忘れていたのでしょうか。いまでも謎のロックアウトです。

何度も社長の自宅へ要請や抗議のデモ行進を仕掛けたくらいですから、社長をかばうわけではありません。ただ、社長は労組の弱体化をもくろみ妨害をしてきたにせよ、組合員のみんなをとことん追い込んだりせず、本当に怒らせないようにする気遣いも随所にみせていたのです。しかし、二代目の社長（息子）に交代するや、労使慣行や労使協定を無視したあからさまな組合攻撃を始め、とても幼稚な会社に様変わりしてしまいました。だから従業員は企業の将来を危惧し本当に腹の底から怒り、そして勝ちました。

さて、労組委員長になったばかりの時の話ですが、男性組合員が「女を働かせる男や経済力のない男は嫌いだ。」と言い放つ女性と交際し悩んでいました。その女性に話を聞きましたが、彼女は「結婚したら妻は家庭に。」との執着心が強く唖然とさせられました。なぜ男性が稼いで女性は家で待つ、という意識が当たり前のようになっているのでしょうか。臨時社員のみなさんが一生懸命働いている姿とはまるで別世界です。男女の役割が基本中の基本として型にはまっていて、共稼ぎを前提にしていないくせに中途半端な共稼ぎを促しているから事態が歪み、悪化しています。こんな日本社会に危機感を持っています。

当時も現在もよく他人から、「あんたはよい奥さんがいたから労組の委員長でやりたいようにやれたんだ。」と言われます。そうかも知れません。定年まで働き続けながら、明るい笑顔でしっかりと協力してくれた妻に感謝の気持ちを忘れたことはありません。

【荻原よし子さんが語る】

私は毎月旅費を積み立て、四国旅行を楽しみにしていました。その旅行に行けなくなりそうになったのを助けてくれたのが若き日の塩之入さんでした。塩之入さんは快活でなんでもさっと解決してくれる頼もしい人です。上司に助言して旅行の許可をとり、作業の交代の工面までしてもらいました。ところが、その塩之入さんにお土産を買ってくるのを忘れていたのです。この大失敗は今でも悔やんでます。思い出すと顔から火が出そうです。

一九七四年のストライキの時、みなさんが会社から締め出されてお困りのようでした。臨時社員は組合員ではなかったので、代替作業要員となりむしろ会社に迎え入れられました。その時、更衣室の窓から外へ組合員の皆さんの服や膝かけなどを投げ渡してとても感謝されたものです。

臨時社員は定期的に、料理屋で慰労会を開催してもらっていました。「悪いようにはしないから。」「これからはきっとよくなります。」と私たちは、いつも同じ言葉を聞かされていました。ある日の席上で社長が、最初は紳士のようなあいさつをしていました。ところが、同じ臨時社員の永井喜ぬ代さんが発言すると、突如として怒り出て行ったのです。その豹変ぶりには全員がびっくりしました。ああいう集まりが協友会の原型でした。

結局、この年の永井さんの一時金は減額され、そのうわさが臨時社員たちの間を駆け巡りました。私たちを手なずけようとしているだけだったのです。この日のことを「社長、怒る。」と記した古い手帳を現在も保存しています。

その後、労組に入ることになるのですが、当時は臨時社員が組合員になるなんてありえない選択だったので、勧誘された臨時社員のみんなはとても驚きました。「臨時社員を入れたら足手まといになる。」という反対意見もあったそうですが、塩之入さんが押し切り、組織化に乗り出すことを宣言したと聞きました。

塩之入さんたちに勧誘された時に、ちらりと横にいる夫に目をやると、「塩之入さんがやれというのなら、しっかりやれ。」と言ってくれました。夫の兄弟はみな地元で教師をしていた塩之入さんの叔母の教え子だったのです。「塩之入先生の親戚の人が頼んでるんだぞ。とにかく何でもちゃんとやれ。」と何度も言われたものです。

正社員と給料袋の厚みが違うのは、ずっと気になっていました。私の給料袋は薄く、もちろん立つわけもないのに立てようとしてむなしくなりました。また、もう昔のことですが、ベルトコンベアで臨時社員の給料袋を流すなんて、いたずらのような、いじめのようなこともあったのです。

私は給料明細書をすべて保管しています。私の月収は、一九八七年当時は出勤日数二三日で基本給約一〇万円に残業手当がつき諸々の控除後の手取りは約七万円でした。一九九六年には同じく二三日働いて基本給が一四万円くらいで手取りが一〇万円といったところです。それでも夫の収入がよくなかったので、いつも私の給料が不可欠な苦しい生活をしてきました。どうしてこんなに働いているのに家庭の主婦だとすごく低い給料にしてしまうのでしょうか。

臨時社員は、正社員と賃上げ時期が違うだけでなく、ボーナスは算定も支給日も支給方法も違っていました。わだかまりを持ちつつもしっかりと働いてきましたが、特殊従業員と呼ばれて、うすうす感じていたことをはっきり思い知って身体が震えました。

しかも、会社の扱いは帰宅してから同じだと気付きました。他の主婦の方ならわかってもらえると思いますが、家の中や親戚一同の間など、嫁のつらさは本当にたくさんあります。そんな家庭の扱いがそのまま会社でも男性重役の発想になっているようです。決して待遇が悪いという単純なことではないのです。なにか全部がつながっているのでしょうか。いまだからあえて言いますが、もうなにもかも嫌になって家出したことが何度もあります。その時に泣く泣く荷物を詰め込んだスーツケースがまだ残っています。

ここまで話してきて、こんなつらい目にあったことは思い出したくなくなりました。もうおしまいにしたくて、わざわざ東京から丸子町まで取材にいらした渋谷さんに給料明細書全部を強引に渡してしまったのです。ところが「一生懸命働いた荻原さんにとって人生の大切な勲章ですからお借りしただけにします。」と後日お返しされてしまいました。

裁判中に近隣の病院の労組へ支援の要請に行った時のことです。突然訪問して受付の方に「丸子警報器事件原告団長ですが、委員長にお会いしたい。」と申し出ました。さっそく部屋に通されて、重厚な本棚にぎっしりと詰まった立派な洋書を眺めながらなにか変だなと思っていると、現れたのは威厳と風格に満ちあふれた白衣のドクターだったので立ちくらみがしました。そうです。委員長って言ったのに聞き違いで院長に取り次がれてしまったのでした。それでも精一杯説明しましたところ、うんうん、としっかり話を聞いて下さり、最後は「がんばりなさい。」と励まされ、赤面して逃げ帰ってきました。

私の話を聞くために丸子へ来た渋谷さんには恐縮しましたが、おかげさまで忘れかけていた当時の仕事、たたかい、家族のことなどを再びたどることができ、懐かしく思い、楽しい日々を過ごすことができました。ありがとうございます。

【田村慶子さんが語る】

私は一九四六年に生まれました。生まれも育ちも丸子町です。丸子小学校、丸子中学校を卒業してから定時制高校に進み四年間は通学しながら、そして卒業後も信濃絹糸紡績（現シナノケンシ）で働きました。一九六九年に職場結婚で退職しまして社宅に住み、その後娘二人が生まれ、一九八三年の丸子警報器に入社するまで専業主婦でした。ただし、娘たちを保育園に預けて機械部品加工の内職をしていました。

次女が小学校に上がり、長女は高学年になったので、思い切って社宅のすぐ近くにある丸子警報器に入社しました。夫が丸子警報器に勤務していた内職仲間から、臨時社員を募集していることを教えてもらいました。当時の私は、社宅を出て持家に住みたいと強く願っていましたので、目標をかなえるために、内職をやめて精一杯働こう、再び会社勤めをしよう、と決心して応募の電話をしたのです。丸子警報器では年間に四〇万円のボーナスが出るのでそれが決め手でした。

面接と工場見学を経て数日後に配属されたのはリレーの製造職場で、それまで全員が正社員だったところへ臨時社員の私が初めて入りました。製造ラインはすべて女性でした。いくつかの部品を順に重ねてリレーを組み立てるラインでは、上流や下流と二時間おきに持ち場が変わりました。同じ課の違うラインにも入ったり、欠勤者やトイレ交代などの都合で他の課へも応援に行きました。製造個数のノルマがあったので、正社員に負けないように、それでいて不良品を出さないように一生懸命働きました。

正社員と並んで毎日一緒に同じ仕事で汗を流していたので、いつか正社員になれるのかな、そうすれば正社員と同じ給料になるんだろうな、と自然な気持ちを持っていました。また協友会では、飲み会が嫌いなので一回くらいしか出席していませんが、会社の役員から「仕事を休まない立派な人だなあ。」とかおだてられるのです。そして「家が近いんだから、頼むよ、協力してくれや。今後悪いようにしないから。」と言われたものです。その協力とは、労組が時間外拒否やストライキをするから、その穴埋めをしてくれ、ということです。一日おきくらいで夜七時まで、牛乳とアンパンつきの二時間残業をしていました。

しかし、一向に正社員になれる気配はなく、しかも賃金格差が大きいままなのが許せなくなりました。そもそも、男性なら中途でも再就職でも最初臨時社員で入って、すぐ正社員になれるのに、女性は既婚者なら、また婚約者がいるだけでも臨時社員で採用し、正社員になれないのです。これが差別でないなら何なのでしょうか。

荻原さんと同じく、給料日になると月給袋の薄っぺらさがやるせなかった。同じ仕事をしている正社員に触らせてもらうと分厚かったからです。冗談まじりに「風が吹いたら飛んでいってしまうね。」という自分の言葉にも悲しくなりました。また、わざと労使交渉を引き延ばされて、一時金が越年になりローン返済に困りましたが、労働金庫で仮払いできたので労組に助けられました。目標の持ち家も実現しました。「みんな大変だから自分で工面しろ。」ということなら誰も労組についていきません。また、実は不当労働行為の提訴中に夫が脳内出血で倒れて入院してショックを受け、看病と育児と勤務と提訴で私自身が過労で倒れそうでした。そんな時も多数の組合員の皆さんが手分けして力を貸してくれました。丸子警報器労組の仲間たちは常に助け合ってきました。労組にこの隠れた財産があったからこそ、たたかいを挑んですべて勝つことができたと思います。

労組のリーダーが会社側よりずっと聡明な塩之入さんで本当によかったと思います。塩之入さんは、後の裁判の時も含めて、判断力と実行力が優れていてぐいぐいと引っ張るのに、肝心な時には後ろへ控えている感じで「主役は臨時社員のみなさんだから。」と私たちを前面に押し出していました。

私は、地労委提訴の時にはっきりとわかったことがあります。「働かせてやっているのだから黙って働け。」こんな経営者がいることです。労働者は気安く差別されていると気づいてから、労組の活動に参加して、臨時社員組合員として要求する、そして実現できるということに目覚めました。たとえば、臨時社員は正社員と昇給日が違い、ボーナス支給日も違うというように別扱いだったのですが、不当労働行為提訴中の団交で是正させることができました。徹底的にたたかえば差別はなくせるのではないかと少し自信がつきました。

裁判というものは本当に緊張します。最初に絶対にウソは言わないと宣言すると、何か間違いがあってはならないと思い、頭の中が真っ白になってしまうのです。「それはこういうことですね。」と裁判長がせっかく助け舟を出すように言って下さったのに、とあきれた仲間に後から言われても、まったく覚えていませんでした。もう裁判はこりごりです。

私はひたすら一生懸命働いて本当に正社員になりたかったのです。しかし、正社員と同じ仕事をしているのに正社員になれない。その原因が、女性は家にいろ、出てくるのならありがたく働け、という勝手な押しつけにあるのに途中で気付き、暗い気持ちになりました。また、裁判中に夫が倒れ、その後私も入院した時に大きな不安を感じました。食べるので精一杯の毎日で、一人になると涙が止まりませんでした。

【滝沢貴美子さんが語る】

私は現在七〇歳で丸子警報器に現役最年長の臨時社員として勤務しています。生まれたのは父親が国鉄（現ＪＲ）に勤務していた新潟県直江津市（現上越市）ですが、国鉄を辞めて出身地の長野県の篠ノ井市（現長野市）に戻りました。ですから、小学校、中学校、高校と育ったのは篠ノ井です。篠ノ井高校卒業後に就職しましたが、二六歳の時に結婚したため退職して、トラック運転手の夫がいる丸子町に移りました。丸子町に来てからは信濃絹糸（現シナノケンシ）の上田工場に入社しましたが、二年後に長女の出産で退職し、その三年後には次女が生まれました。次女が三歳になって保育園に通うようになってからずっと内職をしていました。

その次女が小学校に上がると一年生の時に下校後の娘の世話を義母に頼んでも大丈夫と見極められたので、もっとしっかり働こうと決心しました。内職仲間の夫が丸子警報器の管理職だったので臨時社員の募集を知りました。その夫人は私より先に入社していて誘われたので、丸子警報器に決めました。配属されたのは、リレーを製造する課でした。三九歳の時です。

入社して数年後で協友会ができて、知らないうちに臨時社員が会員にさせられました。活動は一年に二回くらいの飲み会だけで実体は何もありませんでした。だから、力をつけはじめた労組の防波堤にするはずの臨時社員が労組に加入すると意味をなさなくなりました。会費集めもなくなって今度は知らぬ間に消滅したのです。

労組加入後は封建的な夫にずいぶん苦労しました。夫は組合活動が何かを知るわけでもないので、組合そのものがダメなのではなく、決まった時間に妻が家にいないことが不満でした。緊急事態の仲間の交代で急な残業を引き受けたくても、「残業なんかするなら仕事をやめろ。」「女性なら家にいてご飯を作れ。」「子どもの面倒くらいちゃんとやれ。」夫に叱られても、また叱られても我慢していました。ですから、労組の夕方の集会や休日の動員は本当に困りました。加入を勧誘された時に相談したところ、即座に書記長の内田純一さんが、滝沢さんができる範囲でいいよ、と言ってくれました。だから納得して、翌日加入届にハンコを押したのです。

会社から妨害があるといけないからと、加入してしばらくは組合員になったことは極秘でしたが、ある日臨時社員が一堂に集まって公開されました。会社側の人間と近い関係にあった臨時社員には、声かけもなく加入していませんでした。私も入れて欲しい、という人もいましたが、他の臨時社員たちが冷ややかな目を向けると、やっぱりやめておく、と去っていきました。私は管理職の夫人の紹介で入社したので、わりと最後のほうに勧誘されたのだと後で知りましたが、気にもしませんでした。

裁判になった時、原告団の事務局長を引き受けるとは思ってもいませんでした。誰かやってくれんか、と塩之入さんに言われた時に、誰も手をあげませんでした。夫のこともあったので、かげに隠れた瞬間に前の人がよけて一歩前に押し出され、塩之入さんと目が合って事務局長就任が決まってしまいました。あれは気のせいでしょうか。

裁判が始まってから、いろいろな場に出ていくようになりました。地裁のたたかいで一番思い出深いのは、菅平で行なわれた泊まり込みの弁護団会議の出来事です。オルガン針労組など他組織の人々もたくさん来ていて、一致団結して勝訴のためにあらゆる準備をしました。他労組の役員に「どうして他の労組の他人のためにここまで協力してくれるのですか。」と聞いたのです。

その答えを聞いて、世の中にはこんなことがあるのか、こんな人がいるのか、と驚き感動しました。「他人のためじゃないよ。いつか回り回って自分のためになるんだよ。」この言葉はいまも心に残っています。

自分のことだから他人任せではなく自分でやる、と言い聞かせて私は熱心に組合活動に努力するようになっていました。地裁の時には必死で駆け回る姿を見ていたせいか、夫はだんだん文句を言わなくなり、泊まり込みの集会まで行けるようになりました。相変わらず当日だけでなく、翌日の食事の準備までして出かけるという面倒なことをしていましたが、娘たちも適応して協力してくれました。夫がじっと黙りこんでいるということは納得していたんだと思います。妻が切羽詰まった状態になり、亭主関白にもだんだんと変化がみられました。裁判でたたかっていたわけですが、それ以外にも女性として勝ち得たものがあったのです。

当初はひどく亭主関白だった夫も裁判で人間が変わったようによくなり、仲良く暮らしながら、私はまだ楽しく働き続けています。当時小さかった二人の娘も成長して家を出て、それぞれ独身のまま仕事に集中しています。将来が楽しみです。あのまま労組に入らず原告にならなかったら、私はどうなっていたでしょうか。渋谷さんにあれこれと話し込んでいるうちに、人生は自分で変えていく、切り拓いていくものだと、つくづく確信しました。

私は原告団の事務局長としてすべての和解交渉の席につけたので、裁判所との話し合いが印象に残っています。高裁判決、勝利和解と簡単に言いますが、一年間に一二回も和解交渉をやってたいへんな労力を使いました。なお、原告団の功労者の一人である荻原さんは、高裁の和解成立の時には退職していて、通常の少額退職金しか支給されませんでした。そこで解決金がなるべく退職した原告団メンバーたちの手にわたるように努力しました。

【吉池恵子さんが語る】

私は一九五二年に丸子町で生まれました。三歳年上の兄がいます。父は新潟出身で国から表彰されるほどの腕のよい旋盤職人、母は地元でシナノケンシの下請け企業で働いていました。丸子中央小学校、丸子中学校を卒業後、定時制の丸子実業高校へ進学し、四年間は丸子中学校の隣にある丸子警報器で働きながら夜間通学しました。中学生の時はバレーボール、高校ではバスケットボール、社会人になってからは卓球と、スポーツが好きでした。当時は中卒もたくさん採用していて、定時制高校の生徒もかなり受け入れていました。

丸子警報器では、通学中も卒業後も同じく電子課で働き、セラミックホーンやバックブザーなどを製造していました。一五歳で入社した時に三〇代後半だった荻原よし子さんと永井喜ぬ代さんが一緒に入ってきました。

一九七六年、二三歳の時に、同じ職場で働いていた夫と結婚しました。夫はおとなしい性格で、私が裁判で活動したり、後に労組委員長になったりと派手にやっていたのと対照的だとよく言われたものです。その夫も帯状疱疹などいろいろな病気で体調を崩して定年前の五八歳、三九年勤続で退職しました。

結婚した年に長男が生まれ、二年後に長女が生まれました。もう二人は三八歳と三六歳になっています。孫は二人です。私が嫁いだ夫の家は、義父はすでに他界していて、義母と妹二人、夫と暮らしていました。義母は夫婦でやっていた人参や蚕の農業を一人で引き継いでいました。五年後には妹二人は家を出て子どもと五人暮らしになりました。この義母は労組の活動や裁判に集中する私にとても協力してくれました。

一九七三年に丸子警報器従業員組合が労働組合になるのですが、従組の時には組合費を集めるだけで団体交渉も何もしていませんでした。一九七四年に労組がストライキを打った時は、職場委員になっていて、会社側がはがした労組のビラを懸命に貼り直したりしたことを思い出します。スト中は資金を集めるために、造成中のゴルフ場の石拾いをしたり、山から採ってきたタラの芽をドライブインへ販売に行ったりしました。そのアルバイト代は全部組合に入れて炊き出しをしたりしました。

職場では次々に入ってきた臨時社員に作業を教えていたので、それがきっかけでとても仲良くなりました。定時制高校で同じクラスだったある友人が別の会社に勤めて結婚退職し、出産後に丸子警報器へ臨時社員として入ってきて再会しました。既婚者は臨時社員にしかなれない事実を痛感し、複雑な気持ちになりました。

正社員の立場からしても臨時社員の働きぶりに対する不払いのような低賃金はひどい差別だと思っていました。ですから、裁判の時、萩原さんの臨時社員の賃金と比較するために、同時期に入社した私の給与明細を提出し、賃金格差がとても大きいことを明白にわかるようにしました。そのせいなのか、いやがらせもされました。塩之入さんも被害にあったのですが、私も上司に別室に呼び出され、重労働の職場への配置転換をしつこく打診されました。拒否してもしばらくすると、どうだ気が変わったかと繰り返し強要されるのです。結局労組が交渉を申し入れ、異動は取り消しになりました。

裁判ではもっぱら裏方を引き受けました。まず書記局に入りその後書記次長として、傍聴に来る人たちに書類や資料を渡し記名してもらいました。その後は自分も傍聴し、裁判後は原告団に接近してくるマスコミの対応や記者会見の準備に追われました。また、全国から裁判の支援を得るために仙台、松山、静岡とあちこちの都市に出かけていきました。毎年の母親大会へきちんと出席することも私の役目でした。

私自身が反対尋問に臨んだこともあります。裁判はとても緊張するのでうまくは話せません。

いろいろ悩んでいるうちに前日に高熱が出て、お布団のなかで必死に準備しました。しかし当日はあまり大した質問もなく拍子抜けでした。

そんな私ですが現在、前任委員長の田村敏さんが六三歳で退任した後の委員長になりました。塩之入さん、小平さん、田村さんら先輩たちに続く四代目です。就任して五年経過しましたが、次の委員長候補はまだ決まっていません。いま労組委員長として直面しているのは組合員が二二人と規模が小さくなってしまったことです。これではかつてのように従業員代表になれません。三六協定も結べません。第二組合もごく少数なので、会社側が圧倒的に多数になった非組合員を選んで従業員代表に立候補させるから勝てないのです。それでも今年の選挙では頑張りが認められ、非組合員からも圧倒的な支持を得て従業員代表になりました。また、かなり高齢化が進み、賃上げのない再雇用者が多くなって思うように賃上げ要求ができません。賃金が低いのに組合費を徴収して、これまでの財産を崩しながらなんとか運営しています。しかし、昨年久しぶりに三人の元気のよい若者たちが労組に入ってきて、すごく期待しています。

地裁の公判で、原告団が指さし確認しながら説明した大きな模造紙の図は、私も入ってみんなで協力して完成させました。丸子警報器労組は、もともと臨時社員組合員と正社員組合員の関係は地縁や家族ぐるみの付き合いがあってとても良かったのです。裁判が始まってからその絶大な効果が発揮されました。

当時の会社は本当にひどいものでしたからやりきれない気持ちで過ごしていましたが、労組の活動や裁判にのめり込むうちに、考え方が変わりました。ちゃんとたたかえば、労働条件や職場環境を改善できるのだと自信がつきました。裏を返せばたたかわないと泣き寝入りするか逃げるしかありません。この時の体験で得た自信が、労組の委員長を引き受けてからの活動の拠り所になっています。

あとがき

さて、読者は「非正規労働問題」をしっかり考えられる「上級者」になれただろうか。最近の政府は女性活躍政策に絡ませて、あたかも非正規問題にまで踏み込んでいるかのような言葉を使いはじめた。まず耳触りのよい「同一労働同一賃金」という言葉が出てきた。理想的な仕組みだが、基幹化の罠に苦しめられてきた女性たちが参加できるものなのかどうか。また「非正社員が減り、正社員が増えた。」と繰り返されるフレーズはどうか。本当は、非正規か正規かの区別ではなく、一生懸命働けば生活していける人の数の増減こそがもっと大切な問題ではないのか。こういう発想を持つことができるのなら、名古屋銀行とたたかい続けた坂さんの体験は何を示しているのか、丸子警報器事件の教訓がなぜ日本ではまったく反映されていないのか、今後どうすべきか、と自分なりに考えられるはずである。そうであるならば、あなたはもう「上級者」だ。

『労働法律旬報』に連載していた丸子警報器事件の論説に対するご意見や問い合わせが多く好評なので、「もっと詳細に書いて欲しい。」と同編集部の古賀一志氏から打診があったのが本書の刊行のきっかけとなった。たしかに丸子警報器事件は有名な事件であり読者の関心は高いと思う。またシリーズにはあえてボツにした記述や、使っていない取材記録が実は多い。だからもっと詳細には書ける。だが、一つの事件をくわしく再検証する有効性は認めつつも、事件の裏側にある主婦パート労働の本質を掘り下げるのも大切だと主張した。「丸子警報器事件を本書のクライマックスへ。」このアイデアを出版企画に反映してもらえた。

読者の皆さんに「感情移入」してもらおうと、僭越ながら労働法のテキストから、丸子警報器裁判を取り出し、学者の作法を破って再検討させてもらった。教科書では判例にもとづいて法的に見た事件の構造が執筆されてはいても、丸子警報器裁判の原告団が取り込まれている非正規労働の構造が明らかにされているわけではないからである。労働法に関わる立場にいる読者ならば、教科書風とは異なる慣れない体験をしたはずである。

よく見えないけれど、すべてはつながっているようだ。そのつながりから解きはじめ、主婦パートとは何かを考えることに悪戦苦闘して本書を書き終えて、日本社会の危うさを感じている。女性活躍という音頭とは無縁のところで、女性たちが苦しんでいる。また、本書ではほとんど触れなかったが、その女性たちが支える日本の家族はどこへ向かっているのか。

主婦パートたちこそ日本社会の問題の集積点である。日本の将来に敏感な読者に筆者の主張が少しでも届けば幸いである。

[著者]
渋谷龍一（しぶや・りゅういち）
労働ジャーナリスト。大阪市生まれ。
雑誌『労旬』（小社）に「たたかう主婦パート」（2013年）、「たたかう主婦パートたち」（2015年）を連載。このほか、「主婦パートの構造」（『労働経済春秋』2014年10月号）、「非正規問題の震源地を直視せよ」（『情報労連REPORT』2015年6月号）など、ユニークな視点で非正規労働問題に切り込む取材と論説には定評がある。

女性活躍「不可能」社会ニッポン
原点は「丸子警報器主婦パート事件」にあった！

2016年5月10日　初版第1刷発行

著者――――――――――渋谷龍一
装丁――――――――――金台康春（ランドリーグラフィックス）
カバーイラスト―――――京極あや
発行者―――――――――木内洋育
編集担当――――――――古賀一志
発行所―――――――――株式会社旬報社
〒112-0015 東京都文京区目白台2-14-13
TEL 03-3943-9911　FAX 03-3943-8396
ホームページ http://www.junposha.com/
印刷・製本―――――――株式会社マチダ印刷

© Ryuichi shibuya 2016, Printed in Japan
ISBN978-4-8451-1461-0